BOOM IMMOBILIER

Guide pratique pour des investissements rentables

DAVE POWELL

BOOM IMMOBILIER

Guide pratique pour des investissements rentables

Copyright © 2024 par Dave Powell

Table des Matières

INTRODUCTION

Préface

Plonge au cœur d'une lecture passionnante dans l'univers des multiples projets immobiliers avec ce livre ! Dans ce micro-guide "Boom Immobilier : Guide pratique pour des investissements rentables", nous allons plonger dans le monde fascinant des projets immobiliers, un domaine où stratégie, créativité et persévérance se rencontrent pour transformer des propriétés ordinaires en véritables pépites.

En tant que ton guide dans cette odyssée immobilière, je suis là pour te montrer que l'investissement dans les projets immobiliers est accessible à tous. Avec les bonnes méthodes, un peu de savoir-faire et une bonne dose de détermination, le succès est à portée de main.

Ce guide t'offrira le nécessaire pour maîtriser l'art des projets immobiliers. Que tu sois un entrepreneur ambitieux, un investisseur en quête d'opportunités, ou tout simplement curieux de découvrir comment les projets immobiliers peuvent enrichir ta vie financière et personnelle, tu trouveras ici un compagnon de route précieux. Nous allons explorer ensemble comment identifier les meilleures opportunités, gérer les risques, et maximiser le retour sur investissement de manière efficace et éthique.

Prépare-toi à démystifier les concepts complexes, à briser les idées reçues et à construire une fondation solide pour tes investissements. Ce livre est conçu pour te fournir des conseils pratiques, des stratégies éprouvées et des exemples réels, te guidant vers un parcours réussi dans le monde des projets immobiliers.

Alors, es-tu prêt à embarquer dans cette aventure ? À découvrir les secrets de l'immobilier, à apprendre à transformer des biens en trésors cachés et à voir comment les projets immobiliers peuvent transformer vos immeubles en histoires à succès ?

Biographie

Tout d'abord, laisse moi me présenter. Je suis Dave Powell. Passionné, entrepreneur, promoteur, investisseur en immobilier, et oui, même un ingénieur en génie aérospatial. Mon aventure dans l'immobilier est un peu comme une épopée, où j'ai combiné la précision de l'ingénierie et la créativité de l'immobilier pour créer quelque chose d'unique.

Mon voyage a commencé avec de modestes projets de rénovation. J'ai rapidement découvert ma passion pour donner une nouvelle vie à des bâtiments abandonnés, les transformant en des lieux prospères et rentables. Cette passion m'a conduit à des projets bien plus ambitieux, surtout dans le développement immobilier multi-résidentiel autour de Montréal.

Ce qui me motive le plus, c'est de travailler main dans la main avec tous les acteurs du secteur immobilier pour réaliser des projets innovants. Je crois fermement que la collaboration et l'innovation sont les clés pour avancer et réussir dans ce domaine. Et c'est cette approche collaborative et novatrice qui m'a aidé à bâtir ma réputation dans le monde de l'immobilier.

Aujourd'hui, en tant qu'investisseur et mentor, je suis ici pour partager mon expérience, mes connaissances et, surtout, ma passion pour l'immobilier. Mon objectif avec ce livre est de te guider, de t'inspirer, et de te montrer que, peu importe d'où tu viens, tu as le potentiel de réussir dans l'immobilier.

Alors, si tu es prêt à plonger dans le monde fascinant des projets immobiliers, à apprendre comment transformer une simple propriété en une réussite retentissante, et à découvrir les joies de l'investissement immobilier, tu es au bon endroit. Ensemble, nous allons explorer les rouages des projets immobiliers, décrypter les stratégies qui fonctionnent, et surtout, nous allons le faire de manière amusante et engageante. Prépare-toi à un voyage rempli de conseils pratiques et de leçons précieuses que j'ai apprises en cours de route.

Ensemble, nous allons démystifier le monde de l'immobilier et te donner les clés pour ouvrir les portes de ton succès. Que tu sois débutant ou déjà en cours de route dans ta carrière immobilière, ce livre est ton compagnon pour atteindre tes objectifs et même les dépasser.

Bienvenue dans "Boom Immobilier". Apprends comment l'immobilier peut bonifier tes rendements. L'aventure commence maintenant !

Pourquoi ce livre ?

Pourquoi ai-je décidé d'écrire ce livre, tu te demandes peut-être ? Eh bien, après des années passées à naviguer dans le monde fascinant de l'immobilier, j'ai réalisé qu'il y avait tant à partager, tant de leçons apprises, d'expériences vécues, et d'astuces découvertes en chemin. Ce livre est mon moyen de transmettre ces connaissances, d'offrir un aperçu de l'univers des projets immobiliers et, surtout, de montrer qu'il est possible de réussir tout en prenant du plaisir.

L'immobilier, pour moi, n'est pas seulement un investissement financier, c'est une passion, un terrain de jeu où créativité, stratégie et persévérance se rencontrent. J'ai vécu les hauts et les bas, les succès jubilatoires et les défis décourageants. Chaque projet a été une aventure, une histoire à raconter. Et maintenant, je souhaite partager ces histoires avec toi, te montrer les ficelles du métier, te guider à travers les pièges à éviter, et t'inspirer à poursuivre tes propres rêves immobiliers.

Je veux que ce livre soit un guide pratique, mais aussi une source d'inspiration. Que tu sois un entrepreneur en herbe ou un investisseur expérimenté, tu trouveras ici des conseils utiles, des stratégies éprouvées et des perspectives nouvelles pour approcher tes projets immobiliers. De la compréhension du marché à la gestion d'un projet, en passant par les négociations et la vente, chaque aspect est couvert avec soin et détail.

Ma motivation ultime ? Partager ma passion pour l'immobilier et aider les autres à réaliser leur potentiel dans ce domaine. Si ce livre peut éclairer, encourager, ou même transformer la carrière d'un seul lecteur, alors j'aurai atteint mon objectif. Alors, embarque avec moi dans cette aventure, et découvre comment les projets immobiliers peuvent non seulement enrichir ton portefeuille, mais aussi enrichir ta vie.

PARTIE I
Comprendre les projets immobiliers

Chapitre 1

Qu'est-ce qu'un projet immobilier?

Essence du projet immobilier

Un projet immobilier, c'est bien plus qu'une simple transaction ou une construction. C'est une aventure complexe et fascinante qui façonne nos villes, nos communautés et, à bien des égards, notre quotidien. Au cœur de l'économie, les projets immobiliers jouent un rôle crucial, stimulant non seulement le marché du bâtiment, mais influençant également les dynamiques sociales et économiques à une échelle plus large.

Chaque projet immobilier débute avec une vision, une idée de transformer un espace, que ce soit pour répondre à un besoin résidentiel, commercial, ou même pour revitaliser un quartier. Cette vision est le point de départ d'un parcours qui englobe la planification, le financement, la conception, et parfois la rénovation d'espaces existants pour leur donner une nouvelle vie.

L'impact d'un projet immobilier va bien au-delà de sa structure physique. Il a le potentiel de créer des communautés, de dynamiser les quartiers, et de stimuler l'économie locale. Par exemple, un nouveau développement résidentiel peut apporter de la vitalité à une zone urbaine, offrant non seulement des logements, mais aussi des opportunités pour les commerces locaux, les écoles et les espaces publics.

Ainsi, comprendre un projet immobilier implique de reconnaître son rôle multifacette : c'est un investissement financier, une contribution au paysage urbain et une réponse à des besoins sociaux. Chaque projet est unique, porteur de défis, de possibilités et d'impacts qui lui sont propres. En tant qu'investisseur ou promoteur, on se retrouve au cœur de ce processus passionnant, où l'on façonne non seulement des bâtiments, mais aussi l'avenir des communautés et des villes.

Dans les pages suivantes, nous allons explorer ce monde fascinant des projets immobiliers. Nous aborderons leur genèse, leur évolution et les multiples formes qu'ils peuvent prendre. Prépare-toi à plonger dans un univers où chaque pierre, chaque brique a une histoire à raconter, et où chaque projet est une opportunité de laisser une empreinte durable sur le monde qui nous entoure.

Genèse et évolution des projets immobiliers

L'histoire des projets immobiliers est aussi ancienne que la civilisation elle-même. Depuis les premières constructions des civilisations anciennes jusqu'aux gratte-ciels modernes, l'évolution des projets immobiliers reflète l'évolution de nos sociétés. Aux débuts, les constructions étaient principalement fonctionnelles, destinées à répondre aux besoins basiques de logement et de sécurité. Avec le temps, elles ont commencé à refléter non seulement les besoins, mais aussi les aspirations et le statut de leurs constructeurs.

À travers les âges, les projets immobiliers ont été des témoins et des moteurs de changements. Au Moyen Âge, par exemple, les forteresses et les châteaux représentaient la puissance et la protection. Avec l'arrivée de la Révolution industrielle, l'accent a été mis sur les usines et les logements pour les ouvriers, marquant le début de l'urbanisation et de la construction en masse.

Au XXe siècle, nous avons assisté à une véritable transformation des projets immobiliers avec l'apparition de technologies de construction avancées et de nouveaux matériaux. Les gratte-ciels ont redéfini les horizons urbains, et l'immobilier est devenu un secteur clé de l'économie mondiale. La conception architecturale a pris une nouvelle dimension, avec un accent sur l'esthétique, la durabilité et l'efficacité énergétique.

Aujourd'hui, les projets immobiliers sont au cœur des débats sur le développement durable, la vie en communauté et l'innovation technologique. Ils ne sont plus seulement des structures physiques, mais des écosystèmes complexes intégrant des solutions écologiques, des technologies intelligentes et des approches centrées sur l'humain. Ces évolutions reflètent notre prise de conscience collective sur l'importance de construire des espaces qui respectent à la fois l'environnement et les besoins des individus qui les habitent.

En résumé, la genèse et l'évolution des projets immobiliers sont le miroir de notre histoire, de nos progrès technologiques et de notre évolution en tant que société. Chaque époque a laissé sa marque à travers ses constructions, créant un héritage qui continue d'influencer nos choix et nos visions pour les projets futurs. Dans ce contexte, comprendre le passé et le présent des projets immobiliers nous donne des perspectives précieuses pour façonner l'avenir de nos villes et de nos communautés.

Panorama des types de projets immobiliers

Le monde des projets immobiliers est étonnamment diversifié, chaque type ayant ses spécificités, ses défis et ses opportunités. Comprendre cette diversité est essentiel pour tout investisseur ou promoteur désirant naviguer avec succès dans le secteur de l'immobilier.

1. Projets résidentiels : Ce sont les projets les plus courants, allant de la construction de maisons individuelles à de grands complexes d'appartements. Ces projets visent à répondre aux besoins de logement des personnes et des familles, offrant une variété de styles, de tailles et d'aménagements pour s'adapter à différents modes de vie.

2. Projets commerciaux : Ils englobent la construction ou la rénovation de structures destinées à des fins commerciales, comme des bureaux, des magasins, ou des centres commerciaux. Ces projets nécessitent une compréhension approfondie des besoins des entreprises et des tendances du marché pour assurer leur succès.

3. Projets industriels : Ils incluent des usines, des entrepôts et d'autres installations destinées à la production ou au stockage. Ces projets sont souvent de grande envergure et impliquent des considérations techniques spécifiques liées à l'industrie concernée.

4. Projets de loisirs et d'hospitalité : Ces projets comprennent des hôtels, des complexes de loisirs, des parcs d'attractions et des centres de fitness. Ils sont conçus pour offrir des expériences et des services aux clients, nécessitant une attention particulière à l'ambiance, aux commodités et à l'expérience utilisateur.

5. Projets de développement urbain : Ils visent à revitaliser ou à développer des zones urbaines, souvent en intégrant plusieurs types de bâtiments et d'espaces publics. Ces projets peuvent transformer des quartiers entiers, créant de nouvelles communautés et dynamisant des zones urbaines existantes.

Chaque type de projet immobilier possède ses propres nuances et exige une approche adaptée. Que ce soit pour répondre à des besoins résidentiels, commerciaux, industriels ou de loisirs, les projets immobiliers façonnent notre environnement et reflètent les besoins et les aspirations de la société. En tant qu'acteur de ce domaine, il est crucial de comprendre cette diversité pour identifier les meilleures opportunités et mener à bien des projets réussis.

Rôle et impact sociétal des projets immobiliers

Les projets immobiliers ne sont pas seulement des constructions physiques; ils ont un rôle profondément ancré dans le tissu social. Ils façonnent la manière dont les gens vivent, travaillent et interagissent au sein de leurs communautés. Voici comment :

Création de communautés : Les projets immobiliers, en particulier les développements résidentiels, jouent un rôle clé dans la création de nouvelles communautés. Ils définissent l'espace pour les interactions sociales, influençant la cohésion sociale et le sentiment d'appartenance des résidents.

Revitalisation urbaine : La rénovation et le développement de nouvelles constructions dans des zones urbaines délaissées peuvent transformer radicalement des quartiers entiers. Cela peut entraîner une revitalisation économique, attirer de nouveaux résidents et entreprises, et améliorer la qualité de vie globale.

Développement durable : Les projets immobiliers d'aujourd'hui sont de plus en plus axés sur la durabilité et l'efficacité énergétique. Cela comprend l'utilisation de matériaux écologiques, la conception pour minimiser l'empreinte carbone, et l'intégration de technologies vertes pour réduire l'impact environnemental.

Réponse aux changements démographiques : Les projets immobiliers répondent également à l'évolution des besoins démographiques, comme l'augmentation de la population âgée ou la demande croissante en logements abordables.

Innovation et technologie : L'intégration de technologies avancées dans les projets immobiliers reflète et stimule l'innovation. Cela inclut des systèmes de gestion de bâtiment intelligents, des solutions de mobilité urbaine et des espaces de vie connectés.

Ainsi, les projets immobiliers jouent un rôle essentiel dans la configuration de notre société et de notre environnement. En tant que promoteurs ou investisseurs immobiliers, il est crucial de comprendre et d'embrasser cet impact sociétal. Cela implique une approche responsable et visionnaire de la conception et du développement immobilier, en veillant à ce que chaque projet contribue positivement à la société et à l'environnement.

Chapitre 2
Avantages et Risques

Les avantages du projet Immobilier

Passons maintenant aux avantages qu'offrent les projets immobiliers, qui sont non seulement financiers, mais aussi personnels et communautaires. Le monde de l'immobilier est riche en opportunités, offrant une toile idéale pour ceux qui cherchent à développer des compétences, à générer des profits et à impacter positivement leur environnement local.

Potentiel de profit : Sans doute, l'attrait principal des projets immobiliers réside dans leur potentiel de profit substantiel. Que ce soit à travers la valorisation d'un bien, la location ou la revente après rénovation, les opportunités de réaliser un retour sur investissement significatif sont nombreuses. Avec une planification judicieuse et une exécution adroite, l'immobilier peut se transformer en une source lucrative de revenus.

Apprentissage et développement personnel : Chaque projet immobilier est une aventure d'apprentissage. Du démarrage d'une entreprise à la gestion d'une propriété, en passant par la négociation de contrats, l'immobilier te pousse à développer une multitude de compétences. C'est une expérience enrichissante qui te permet de grandir tant sur le plan professionnel que personnel.

Impacts sur le marché local : Les projets immobiliers jouent un rôle clé dans le dynamisme des marchés locaux. En revitalisant des propriétés délaissées ou en créant de nouveaux espaces de vie, tu contribues directement à l'embellissement de ta communauté. Ces projets peuvent stimuler l'économie locale, créer des emplois et améliorer la qualité de vie dans les quartiers.

En somme, les projets immobiliers offrent une opportunité unique de prospérer financièrement, tout en te permettant de te développer personnellement et de contribuer de manière significative à ta communauté. Dans la section suivante, nous aborderons les risques associés à ces projets, car comprendre et gérer ces risques est tout aussi important que de saisir les opportunités.

Les risques associés

Si les projets immobiliers offrent de belles opportunités, ils comportent aussi des risques qu'il ne faut pas négliger. La clé du succès réside dans la capacité à identifier, comprendre et gérer efficacement ces risques.

Risques financiers : Le risque financier est probablement le plus évident dans l'immobilier. Il peut provenir de dépassements de budget, de retards dans la construction, ou de changements dans les conditions de financement. Pour le gérer, une planification financière rigoureuse et un contrôle budgétaire constant sont essentiels. Il est également prudent de prévoir une marge pour les imprévus.

Risques juridiques : Les projets immobiliers doivent naviguer dans un labyrinthe de réglementations et de lois. Des problèmes juridiques peuvent survenir à différentes étapes, de l'acquisition du terrain à la vente de la propriété. Une bonne compréhension des aspects légaux et le recours à des conseils juridiques compétents sont cruciaux pour minimiser ces risques.

Risques de marché : Le marché immobilier est influencé par divers facteurs économiques et sociaux qui peuvent affecter la demande et les prix. Pour y faire face, une analyse approfondie du marché et une stratégie flexible sont nécessaires. Il est important de rester informé des tendances du marché et de s'adapter rapidement aux changements.

Gestion des risques : La gestion des risques est une compétence essentielle dans le domaine de l'immobilier. Cela implique non seulement d'identifier les risques potentiels, mais aussi de développer des stratégies pour les atténuer. Cela peut inclure la diversification des investissements, la mise en place de systèmes de surveillance et de contrôle, et l'assurance de disposer de plans de secours efficaces.

En résumé, bien que les projets immobiliers puissent être complexes et comportent des risques, ces derniers peuvent être gérés et minimisés avec une approche proactive et éclairée. La compréhension des risques financiers, juridiques et de marché, ainsi qu'une gestion efficace de ces risques, sont des éléments clés pour assurer le succès d'un projet immobilier. Dans la section suivante, nous approfondirons ces concepts en explorant des stratégies spécifiques pour l'évaluation et la gestion du risque, accompagnées de cas pratiques pour illustrer ces principes.

Évaluation et gestion du risque

La gestion efficace des risques est un pilier fondamental dans le succès des projets immobiliers. Une approche méthodique et stratégique permet de minimiser les impacts négatifs et de maximiser les opportunités. Voici quelques stratégies clés pour l'évaluation et la gestion du risque :

Analyse approfondie avant l'investissement : Avant de te lancer dans un projet, il est crucial de réaliser une analyse approfondie. Cela implique d'examiner le marché, de comprendre les tendances économiques, de considérer les facteurs locaux tels que la demande immobilière, et d'évaluer la viabilité financière du projet. Cette analyse préliminaire aide à identifier les risques potentiels et à prendre des décisions éclairées.

Diversification des investissements : Ne pas mettre tous tes œufs dans le même panier est une règle d'or en investissement. La diversification peut aider à réduire les risques. Cela peut signifier investir dans différents types de biens immobiliers, dans différentes zones géographiques, ou même explorer différents segments du marché immobilier.

Planification financière rigoureuse : Une gestion financière prudente est essentielle. Cela inclut la mise en place d'un budget réaliste, la prévision des dépenses, et la constitution d'une réserve pour les imprévus. Être préparé financièrement pour les scénarios inattendus peut faire une grande différence.

Consultation d'experts : S'appuyer sur l'expertise de professionnels est une autre stratégie clé. Que ce soit des conseillers juridiques, des experts en construction, des économistes ou des agents immobiliers, s'entourer de personnes compétentes peut fournir des perspectives précieuses et aider à naviguer dans des eaux complexes.

En adoptant ces stratégies, tu peux non seulement évaluer efficacement les risques associés à un projet immobilier, mais aussi les gérer de manière proactive. Cette approche permet de prendre des décisions réfléchies et de maximiser les chances de succès de ton projet. Dans la prochaine section, nous examinerons des cas pratiques pour illustrer comment ces stratégies de gestion des risques se manifestent dans le monde réel de l'immobilier.

Cas pratiques

Au Québec, les projets immobiliers illustrent bien la balance entre les avantages et les risques. Voici trois exemples concrets qui mettent en lumière cette dynamique :

1. Un toit vert à Québec : Ce projet d'habitation abordable, situé dans l'écoquartier D'Estimauville, est le fruit du travail de Lafond Côté Architectes et TERGOS Architecture. Il a été reconnu pour son approche écologique, recevant la certification LEED platine, une première pour un bâtiment de moyenne hauteur au Québec. L'accent mis sur une conception intégrée, l'efficacité énergétique et l'utilisation de matériaux sans composés organiques volatils montre comment un projet peut être à la fois écologique et économique, malgré les défis de répondre aux critères stricts d'une certification environnementale.

2. Coopérative d'habitation esperluette à Montréal : Située dans le quartier dynamique de Griffintown, cette coopérative d'habitation se distingue par sa vocation artistique. Conçue par Ædifica, elle intègre une salle multifonctionnelle pour les résidents. Le projet a dû relever le défi de répondre aux besoins spécifiques des résidents tout en garantissant la viabilité économique. Des choix de conception, comme l'utilisation de coursives extérieures pour réduire les coûts et favoriser la vie communautaire, illustrent l'équilibre entre la créativité architecturale et la gestion financière.

3. Projet pilote de logement social à Quaqtaq, Nunavik : Mené par EVOQ Architecture, ce projet s'inspire de la norme Passive

House pour répondre aux défis uniques du climat arctique. Les coûts élevés d'expédition des matériaux et les frais de chauffage importants ont nécessité des solutions innovantes et économiques. Le projet a adapté ses plans pour maximiser l'ensoleillement des espaces de vie et a incorporé des aspects culturels spécifiques aux besoins des Inuits. Ce cas met en lumière les défis spécifiques des projets dans des environnements extrêmes et la nécessité d'une conception adaptée et réactive aux besoins locaux. La réussite du projet repose sur une écoute attentive des résidents et une utilisation judicieuse des ressources, démontrant comment les projets immobiliers peuvent être adaptés pour respecter les traditions et les modes de vie locaux tout en restant économiquement viables.

Ces exemples québécois illustrent comment les projets immobiliers peuvent être à la fois ambitieux et innovants, tout en faisant face à des défis financiers, juridiques et de marché. Ils montrent que, malgré les risques, une planification minutieuse, une conception créative et une gestion stratégique des ressources peuvent mener à des projets réussis qui ont un impact positif sur les communautés et l'environnement. Ces cas pratiques offrent des leçons précieuses pour tout acteur du domaine immobilier, soulignant l'importance de l'équilibre entre la vision, la viabilité et la responsabilité sociale dans la réalisation de projets immobiliers.

Chapitre 3

Préparations pour un projet réussi

Établir les fondations

Après avoir exploré les avantages et les risques associés aux projets immobiliers, il devient évident que la réussite de ces projets repose sur une fondation solide. Cette fondation, c'est la préparation et la planification minutieuses avant même de poser la première pierre.

La préparation d'un projet immobilier commence bien avant l'achat d'un terrain ou la conception d'un bâtiment. Elle implique une compréhension claire des objectifs du projet, une évaluation rigoureuse des risques potentiels et la mise en place d'une stratégie solide. Cette étape est cruciale pour établir un cadre de travail clair et éviter les surprises désagréables en cours de route.

La planification, quant à elle, est l'art de transformer cette préparation en un plan d'action concret. Elle englobe tout, de la définition du calendrier du projet à la détermination des ressources nécessaires. Une bonne planification permet de prévoir les étapes critiques du projet, d'établir des échéanciers réalistes et de prévoir des solutions aux problèmes potentiels avant qu'ils ne surviennent.

L'un des aspects clés de cette phase est de comprendre l'ampleur du projet en termes de coût, de temps et de ressources humaines nécessaires. Cela implique une étude approfondie du marché pour évaluer les coûts des matériaux, la main-d'œuvre, les frais légaux et autres dépenses. En établissant un budget réaliste dès le début, tu peux éviter les dépassements de coûts et te préparer aux fluctuations du marché.

De plus, une planification efficace prend en compte les aspects légaux et réglementaires du projet. Cela signifie se familiariser avec les lois locales, les codes de construction, et les exigences en matière de permis. Une compréhension claire de ces aspects dès le départ peut aider à éviter des retards coûteux et des problèmes juridiques.

En conclusion, établir des fondations solides pour ton projet immobilier grâce à une préparation et une planification minutieuses est un investissement inestimable. Cela te positionne non seulement pour éviter les pièges courants, mais aussi pour naviguer avec succès dans le complexe paysage de l'immobilier. La section suivante se concentrera sur la compréhension du marché immobilier, un élément crucial pour affiner ta stratégie et assurer le succès de ton projet.

Comprendre le marché immobilier

Après avoir établi les fondations solides d'un projet immobilier, l'étape suivante cruciale est de comprendre le marché. Cette compréhension implique une analyse approfondie du marché immobilier actuel et l'identification des tendances dominantes. Ce processus te permet de prendre des décisions éclairées et d'adapter ton projet pour répondre aux besoins et aux attentes du marché.

Analyse du marché actuel : Chaque marché immobilier est unique et influencé par une multitude de facteurs locaux, régionaux et nationaux. Il est essentiel d'examiner des aspects tels que les prix courants des propriétés, la demande et l'offre de logements, les conditions économiques générales, et les préférences des acheteurs ou des locataires. Cette analyse te donne une vue d'ensemble de l'état actuel du marché et aide à identifier les segments les plus prometteurs ou les plus risqués.

Identification des tendances : Les tendances du marché immobilier peuvent varier considérablement et évoluer rapidement. Il est donc crucial de rester informé des dernières évolutions. Cela peut inclure des tendances telles que l'évolution des préférences en matière de logement (par exemple, un intérêt croissant pour les maisons écologiques), les changements démographiques (comme le vieillissement de la population ou l'urbanisation), ou les innovations technologiques impactant le secteur (comme les maisons intelligentes). En identifiant ces tendances, tu peux mieux positionner ton projet pour qu'il soit attractif et pertinent dans le contexte actuel et futur.

En résumé, une compréhension approfondie du marché immobilier est indispensable pour le succès de tout projet. Elle permet d'anticiper les demandes du marché, de s'adapter aux évolutions et d'optimiser les chances de réussite de ton projet. La prochaine section explorera les stratégies pour sécuriser le financement et établir un budget réaliste, des étapes essentielles pour concrétiser ton projet immobilier.

Financement et budget

Une fois que tu as une compréhension claire du marché immobilier, la prochaine étape cruciale est de sécuriser le financement pour ton projet et d'établir un budget réaliste. Ces éléments sont vitaux pour la viabilité et la réussite de ton projet immobilier.

Sécuriser le financement : Le financement est le moteur de tout projet immobilier. Il existe plusieurs options pour financer un projet, chacune avec ses avantages et ses inconvénients. Les sources de financement classiques incluent les prêts bancaires, le financement par des investisseurs privés, ou les partenariats avec d'autres développeurs. Il est essentiel de comprendre les conditions, les taux d'intérêt et les exigences de chaque option de financement. Une approche stratégique peut impliquer la combinaison de différentes sources de financement pour minimiser les risques et maximiser la flexibilité.

Établir un budget réaliste : Un budget réaliste doit prendre en compte tous les coûts associés au projet, des coûts initiaux d'acquisition aux dépenses de construction, en passant par les frais juridiques, les coûts de commercialisation et les imprévus. Il est important d'être aussi exhaustif et précis que possible lors de l'estimation de ces coûts. En outre, prévoir une marge pour les imprévus est essentiel, car il est rare qu'un projet se déroule sans aucun contretemps.

Gestion du budget : Une fois le budget établi, sa gestion rigoureuse est cruciale. Cela implique un suivi régulier des dépenses, la comparaison avec les prévisions budgétaires et l'ajustement des plans en fonction de l'évolution du projet. Une gestion proactive du budget aide à éviter les dépassements de coûts et assure que le projet reste financièrement viable.

En conclusion, un financement bien structuré et un budget réaliste sont fondamentaux pour la réussite d'un projet immobilier. Ils assurent que tu disposes des ressources nécessaires pour mener à bien ton projet tout en gérant efficacement les risques financiers. La section suivante se concentrera sur l'importance de constituer une équipe solide, un autre aspect crucial pour la réussite de tout projet immobilier.

Assemblage d'une équipe solide

Un projet immobilier réussi dépend non seulement d'une planification minutieuse et d'un financement adéquat, mais aussi de la qualité de l'équipe qui le mène. Assembler une équipe solide, composée de professionnels compétents et fiables, est essentiel pour naviguer efficacement dans les complexités d'un projet immobilier.

Choix des agents immobiliers : Un agent immobilier compétent peut apporter une connaissance approfondie du marché, aider à trouver les meilleures opportunités d'investissement et conseiller sur la valeur des propriétés. Il est important de choisir un agent qui comprend tes objectifs et qui a de l'expérience dans le type de projet que tu envisages.

Sélection des entrepreneurs : Les entrepreneurs jouent un rôle crucial dans la réalisation de ton projet. Leur expertise technique garantit que la construction ou la rénovation se déroule conformément aux plans, dans le respect du budget et des délais. Choisis des entrepreneurs ayant une bonne réputation, une expérience solide et idéalement, ceux recommandés par des sources fiables.

Engagement d'avocats et de conseillers juridiques : Les aspects juridiques des projets immobiliers peuvent être complexes. Un avocat spécialisé dans l'immobilier te fournira des conseils sur les contrats, les réglementations, les permis et d'autres questions légales. Il est essentiel d'avoir un expert juridique pour éviter les problèmes légaux qui pourraient retarder ou compromettre ton projet.

Autres experts clés : Selon la nature et l'envergure de ton projet, tu pourrais également avoir besoin d'autres experts, comme des architectes, des urbanistes, des consultants en marketing immobilier, et des gestionnaires de propriété. Chaque membre de l'équipe apporte une expertise unique qui contribue au succès global du projet.

En résumé, constituer une équipe solide et diversifiée avec des partenaires clés est un investissement qui se traduira par une meilleure gestion, une exécution plus efficace et, en fin de compte, un projet plus réussi. Une équipe bien assemblée est le pilier sur lequel repose la réussite de ton projet immobilier.

PARTIE 2
La étapes du projet immobilier

Bienvenue dans la deuxième partie de notre guide, "Les étapes du projet immobilier". Ici, nous allons plonger dans le cœur même du processus de l'investissement immobilier. Après avoir posé les fondations théoriques dans la première partie, nous entrons maintenant dans l'aspect pratique, là où les idées et les stratégies prennent vie. Chaque chapitre de cette partie est conçu pour te guider à travers les différentes phases d'un projet immobilier, de la recherche initiale jusqu'à la vente finale. Tu apprendras à naviguer dans le marché, à évaluer les propriétés, à gérer les rénovations et à maximiser la valeur de tes investissements. Prépare-toi à découvrir les outils, les techniques et les astuces qui feront de toi un investisseur immobilier accompli.

Chapitre 4

La Recherche

Dans ce chapitre crucial de notre voyage, nous explorons l'importance de comprendre le marché local, une étape fondamentale dans la recherche pour tout projet immobilier. Ici, tu vas apprendre à analyser les tendances du marché immobilier dans la région ciblée, un processus qui te guidera dans la prise de décisions stratégiques et informées. Cette compréhension du marché est la clé pour identifier les opportunités d'investissement les plus prometteuses et pour éviter les pièges potentiels.

Comprendre le marché local

Tout projet immobilier réussi commence par une compréhension approfondie du marché local. Comme nous l'avons vu précédemment, il était essentiel de comprendre le marché de l'immobilier. Il en reste aussi important de comprendre le marché local. Cette compréhension te permet de saisir non seulement le potentiel actuel d'une région, mais aussi de prévoir les tendances futures. Voici comment tu peux analyser efficacement le marché immobilier local :

1. Étude démographique et économique : La démographie et l'économie sont les piliers de tout marché immobilier. Comprendre la composition de la population, son taux de croissance, ses revenus moyens, et ses tendances de dépenses peut te donner une indication précieuse sur la demande potentielle pour différents types de propriétés. De même, une économie locale forte et diversifiée peut être un indicateur de stabilité et de croissance pour le marché immobilier.

2. Historique des prix et taux de location : Examiner l'historique des prix de vente et des taux de location dans la région peut révéler des modèles et des tendances. Des augmentations constantes des prix suggèrent un marché en croissance, tandis que des fluctuations ou une stagnation pourraient indiquer des problèmes sous-jacents ou un marché saturé.

3. Infrastructure et projets de développement futurs : Les infrastructures actuelles et les projets de développement prévus peuvent avoir un impact majeur sur le marché immobilier. Des projets tels que de nouveaux transports en commun, des parcs, des écoles ou des hôpitaux peuvent augmenter l'attrait d'une région et stimuler la demande immobilière.

4. Analyse de la concurrence : Comprendre qui sont les autres acteurs sur le marché, leurs projets et leurs stratégies peut t'offrir des insights précieux. Cela inclut l'analyse des développements en cours ou prévus par d'autres investisseurs, promoteurs ou constructeurs.

5. Tendances et préférences du marché : Les préférences des acheteurs et des locataires évoluent avec le temps. Reste à l'écoute des tendances actuelles, telles que la popularité croissante des maisons écologiques ou des espaces de vie communautaires. Comprendre ces tendances te permettra de développer des projets qui répondent aux désirs et aux besoins actuels des consommateurs.

6. Ressources et outils d'analyse : Utilise toutes les ressources et outils à ta disposition pour recueillir des données et des analyses.

Nous en parlerons dans les prochaines pages, mais reste à l'affût que cela peut inclure des logiciels d'analyse immobilière, des rapports de marché, des études de consultants et des informations provenant des associations immobilières locales.

7. Interaction avec des experts locaux : Parler avec des agents immobiliers locaux, des urbanistes, des constructeurs et d'autres professionnels de l'immobilier peut te fournir des perspectives uniques et des informations de première main sur le marché. Ces experts peuvent te donner un aperçu de ce qui fonctionne, des défis actuels, et des opportunités émergentes dans la région.

8. Suivi des changements réglementaires : Les politiques et les réglementations locales peuvent influencer fortement le marché immobilier local. Reste informé des changements potentiels dans les lois de zonage, les réglementations de construction, ou les politiques fiscales, car ces éléments peuvent affecter tant les coûts que la faisabilité de tes projets.

9. Réactivité aux évolutions du marché : Le marché immobilier n'est pas statique. Il est influencé par de nombreux facteurs externes comme les conditions économiques globales, les taux d'intérêt, et même les tendances sociales. Une veille constante te permettra de réagir rapidement à ces changements et d'ajuster tes stratégies en conséquence.

10. Évaluation continue : L'analyse du marché local n'est pas un exercice ponctuel, mais un processus continu. Le marché peut évoluer rapidement, et ce qui était vrai il y a six mois peut ne plus l'être aujourd'hui. Une évaluation régulière te permettra de rester agile et de prendre des décisions basées sur les informations les plus actuelles.

En résumé, comprendre le marché local est une étape essentielle qui influence toutes les phases suivantes de ton projet immobilier. Une analyse approfondie et une compréhension claire du marché te positionnent pour faire des choix stratégiques, réduire les risques et augmenter les chances de succès de ton investissement. Dans les prochains chapitres, nous explorerons comment utiliser cette compréhension pour sélectionner efficacement des propriétés, gérer le processus d'acquisition et conduire tes projets à la réussite.

Critères de sélection des propriétés

Après avoir acquis une compréhension approfondie du marché local, le prochain pas dans notre parcours de recherche est de définir les critères pour choisir les propriétés les plus prometteuses. Les critères de sélection sont essentiels pour filtrer les opportunités et concentrer tes efforts sur les propriétés qui offrent le meilleur potentiel de retour sur investissement. Dans cette section, nous allons aborder comment établir ces critères et les appliquer efficacement pour identifier les meilleures opportunités immobilières.

1. Emplacement : L'emplacement reste le critère le plus important dans la sélection d'une propriété. Recherche des zones avec une forte demande de location ou d'achat, un bon accès aux services essentiels, et un potentiel de croissance ou de développement. Des emplacements près des centres d'emploi, des écoles, des transports en commun et des commodités locales sont généralement plus recherchés.

2. Potentiel de plus-value : Évalue le potentiel d'appréciation de la propriété à long terme. Considère les tendances du marché local, les projets de développement futurs dans la région, et les possibilités de rénovation ou d'amélioration de la propriété qui peuvent augmenter sa valeur.

3. Rentabilité : Calcule la rentabilité potentielle de la propriété en tenant compte du prix d'achat, des coûts de rénovation ou de développement, des dépenses d'exploitation et des revenus locatifs ou de vente attendus. Utilise des indicateurs comme le taux de rendement interne (TRI) ou le cash-flow pour évaluer la rentabilité.

4. État de la propriété : Examine l'état actuel de la propriété et estime les coûts de rénovation ou de remise en état nécessaires. Une propriété nécessitant des rénovations majeures peut offrir un potentiel de plus-value, mais aussi représenter un risque plus élevé et nécessiter un investissement initial plus important.

5. Potentiel de développement : Pour les projets de développement, considère le potentiel de la propriété à être développée ou redéveloppée. Cela inclut l'évaluation des possibilités de construction supplémentaire, de division, ou de changement d'usage.

6. Conformité réglementaire : Assure-toi que la propriété est conforme aux réglementations locales, notamment en matière de zonage, de construction et de sécurité. La non-conformité peut entraîner des coûts supplémentaires significatifs et des retards.

7. Marché cible : Identifie le marché cible pour la propriété. Est-ce un bien destiné aux familles, aux jeunes professionnels, aux étudiants ? Comprendre ton marché cible te permettra de choisir des propriétés qui répondent à leurs besoins spécifiques et préférences.

8. Risques associés : Évalue les risques potentiels associés à la propriété, y compris les risques environnementaux, les défis de construction, et les incertitudes du marché. La prise en compte des risques te permet de préparer des stratégies d'atténuation.

9. Liquidité : Considère la liquidité de la propriété, c'est-à-dire la facilité avec laquelle elle peut être vendue ou louée. Les propriétés dans des zones très demandées ou avec des caractéristiques uniques peuvent offrir une meilleure liquidité.

10. Historique et potentiel de location : Si tu envisages un investissement locatif, examine l'historique de location de la propriété et son potentiel futur. Cela inclut l'évaluation des taux d'occupation passés, des revenus locatifs et des commentaires des locataires précédents.

11. Analyse comparative du marché : Fais une analyse comparative du marché pour voir comment la propriété se positionne par rapport à d'autres similaires dans la région. Cela te donnera une idée de sa compétitivité en termes de prix, de qualité et d'emplacement.

12. Flexibilité et usage multiple : Certaines propriétés offrent une flexibilité d'utilisation ou la possibilité de conversion pour différents usages (résidentiel, commercial, etc.). Ces propriétés peuvent présenter un potentiel d'investissement plus élevé en raison de leur adaptabilité aux changements du marché.

En adoptant une approche systématique et en appliquant ces critères de sélection, tu peux cibler des propriétés qui non seulement correspondent à tes objectifs d'investissement, mais offrent également le meilleur potentiel de croissance et de rentabilité. La sélection minutieuse des propriétés est une étape essentielle qui te positionne pour réussir dans tes projets immobiliers. Dans le prochain segment, nous explorerons comment utiliser ces critères pour évaluer efficacement les opportunités et prendre des décisions d'investissement éclairées.

Utilisation des outils et ressources

Continuons notre exploration de la recherche immobilière en examinant les outils et ressources spécifiques qui peuvent aider à localiser et évaluer des propriétés au Québec.

1. Plateformes immobilières en ligne : Centris.ca est un exemple de plateforme immobilière majeure au Québec, offrant un large éventail de propriétés résidentielles et commerciales à vendre ou à louer. Ces plateformes facilitent la recherche de propriétés en permettant des filtrages par prix, emplacement, et autres critères spécifiques.

2. Services de courtage immobilier : Les courtiers immobiliers au Québec jouent un rôle crucial en aidant les acheteurs et les vendeurs à naviguer dans le marché immobilier. Ils sont soumis à des réglementations strictes et offrent une variété de services, y compris la sélection de propriétés qui répondent à tes exigences, la vérification des informations pour la promotion des propriétés, l'organisation des visites, et la négociation des termes de l'achat ou de la vente.

3. Technologies avancées pour l'analyse du marché : L'utilisation de l'intelligence artificielle (IA) et des outils analytiques modernes révolutionne l'analyse du marché immobilier. Ces technologies permettent de détecter les tendances, prévoir les évolutions de prix et simuler des scénarios d'investissement. Elles offrent des insights précieux pour des décisions d'investissement éclairées, te donnant un avantage compétitif dans un marché dynamique.

4. Réseaux et contacts locaux : Établir des relations avec les professionnels locaux du secteur immobilier peut t'ouvrir des portes sur des opportunités non listées publiquement. Participer à des événements immobiliers, des conférences et des rencontres locales peut te connecter avec des vendeurs potentiels, des investisseurs et d'autres acteurs clés du marché.

5. Publicités et annonces classées : Les annonces dans les journaux locaux, les magazines immobiliers et les sites d'annonces en ligne peuvent également être utiles. Bien que cette approche soit plus traditionnelle, elle peut révéler des opportunités uniques, en particulier pour les propriétés qui ne sont pas listées sur les grandes plateformes.

6. Visites de quartier et exploration directe : Parfois, la meilleure façon de trouver la propriété idéale est de parcourir les quartiers ciblés. Les visites de quartier te permettent d'obtenir une impression directe de la zone, de découvrir des propriétés potentielles et de repérer des opportunités de vente non annoncées.

En combinant ces différents outils et ressources, tu peux mener une recherche de propriété complète et efficace. Chaque outil a ses avantages uniques, et en les utilisant ensemble, tu maximises tes chances de trouver des propriétés qui correspondent parfaitement à tes critères d'investissement. La prochaine section abordera comment évaluer efficacement le potentiel des propriétés sélectionnées, une étape clé pour concrétiser ton projet immobilier.

Approche Holistique dans l'évaluation des propriétés

Maintenant, nous plongeons plus profondément dans l'évaluation des opportunités immobilières, en adoptant une approche holistique. Cela signifie examiner la propriété dans son ensemble - son emplacement, son potentiel futur, ses défis uniques, et son alignement avec tes objectifs d'investissement à long terme.

1. Analyse de la viabilité à long terme : Au-delà des chiffres, évalue le potentiel de la propriété à long terme. Cela inclut son potentiel de développement futur, les changements possibles dans le quartier, et l'évolution des besoins du marché cible.

2. Impact des tendances macro-économiques : Considère comment les tendances macro-économiques telles que les fluctuations des taux d'intérêt, les changements dans la législation immobilière, et les évolutions démographiques peuvent affecter la valeur et le potentiel de la propriété.

3. Durabilité et responsabilité sociale : Intègre une évaluation de la durabilité de la propriété. Cela comprend son impact environnemental, son potentiel d'efficacité énergétique, et sa contribution au bien-être de la communauté locale.

4. Analyse comparative approfondie : Réalise une analyse comparative détaillée avec des propriétés similaires dans la région pour évaluer la compétitivité en termes de prix, de caractéristiques et de potentiel de croissance.

5. Scénarios de sortie et de contingence : Planifie des scénarios de sortie et de contingence pour la propriété. Cela inclut l'évaluation de différentes stratégies de sortie, telles que la vente, la location ou le redéveloppement, et la préparation à des scénarios imprévus.

6. Évaluation du retour sur investissement social : En plus du retour financier, considère le retour sur investissement social. Cela peut inclure l'impact de ton projet sur le développement communautaire et le bien-être social.

7. Utilisation de simulations et modélisations : Emploie des simulations et des modélisations pour prévoir le comportement du marché et les performances de la propriété sous diverses conditions économiques et de marché.

8. Consultation d'experts spécialisés : Inclut des consultations avec des experts spécialisés, tels que des urbanistes, des architectes et des conseillers en durabilité, pour une évaluation complète.

En adoptant cette approche approfondie et stratégique pour évaluer les opportunités immobilières, tu seras mieux équipé pour faire des choix d'investissement qui non seulement offrent un retour financier solide, mais sont également alignés avec des considérations plus larges de durabilité, de responsabilité sociale, et d'adaptabilité à long terme. Cette évaluation détaillée est cruciale pour assurer que les propriétés sélectionnées correspondent à tes ambitions et contribuent positivement à ton portefeuille immobilier.

Dans le prochain segment, nous aborderons le processus d'acquisition, en mettant l'accent sur la négociation, la gestion des aspects juridiques et financiers, et la préparation pour la rénovation ou le développement. Ce sera une exploration détaillée de comment transformer les opportunités évaluées en acquisitions concrètes et fructueuses.

Chapitre 5

Le processus d'acquisition

Bienvenue dans le Chapitre 5 de notre guide, où nous abordons une étape cruciale dans la réalisation de tout projet immobilier : le processus d'acquisition. Cette phase du parcours est celle où les plans et les recherches se concrétisent en actions tangibles, où les opportunités soigneusement évaluées se transforment en propriétés concrètes. Ici, nous explorerons en détail les techniques de négociation et le processus d'achat, des compétences essentielles pour tout investisseur immobilier souhaitant réussir.

Négociation et achat

La négociation et l'achat d'une propriété sont des moments où la perspicacité, la préparation et la stratégie entrent en jeu. Pour naviguer efficacement dans ces eaux, il est crucial de comprendre les principes fondamentaux de la négociation et de maîtriser le processus d'achat.

1. Préparation à la négociation : Avant d'entrer dans toute négociation, une préparation minutieuse est indispensable. Cela signifie avoir une compréhension claire de la valeur de marché de la propriété, des prix des propriétés similaires dans la région, et de ton budget maximal. Établir à l'avance les conditions non négociables et les aspects sur lesquels tu es prêt à faire des compromis peut également guider la discussion.

2. Techniques de négociation : La négociation est un art qui repose sur la communication, la patience et parfois, la capacité à faire des concessions stratégiques. Utilise des techniques telles que l'écoute active pour comprendre les motivations du vendeur, et le "batna" (meilleure alternative à un accord négocié) pour connaître ton point de retrait. Il est également important de garder une attitude professionnelle et objective, sans laisser les émotions prendre le dessus.

3. Processus d'achat : Une fois un accord verbal atteint, le processus d'achat formel commence. Cela inclut la rédaction et la signature d'un contrat d'achat, la réalisation d'une inspection de la propriété, et le processus de due diligence pour vérifier tous les aspects légaux et financiers de la transaction. Assure-toi que toutes les conditions stipulées dans le contrat sont remplies avant de finaliser l'achat.

4. Gestion des formalités juridiques et financières : L'acquisition d'une propriété implique diverses formalités juridiques et financières, de l'obtention du financement à la signature de l'acte de vente. Travailler avec un notaire ou un avocat spécialisé en immobilier peut faciliter ce processus en s'assurant que tous les documents sont en ordre et que la transaction se déroule conformément à la loi.

5. Fermeture de la transaction : La fermeture, ou clôture, est l'étape finale du processus d'achat, où la propriété change officiellement de mains. Cela implique généralement une réunion de clôture où les documents finaux sont signés, le paiement est effectué, et les clés sont remises. Il est crucial de revoir tous les documents de fermeture avec soin pour s'assurer que tout est conforme aux accords.

En maîtrisant ces étapes du processus d'acquisition, tu te positionnes pour mener à bien des transactions immobilières réussies. La capacité à négocier efficacement et à gérer le processus d'achat avec compétence est ce qui distingue les investisseurs immobiliers prospères. Dans les sections suivantes, nous approfondirons chaque aspect de ce processus, en te fournissant des outils et des conseils pour chaque étape, de la négociation initiale jusqu'à la fermeture de la transaction.

Gestion des formalités juridiques et financières

Après avoir navigué à travers les premières étapes du processus d'acquisition, nous abordons maintenant un volet essentiel à la réussite de tout projet immobilier : la gestion des formalités juridiques et financières. Cette étape est cruciale, car elle implique de veiller à ce que tous les aspects de l'achat soient légalement solides et financièrement viables. L'objectif est de sécuriser ton investissement et de t'assurer que l'acquisition se déroule sans accroc.

1. Comprendre les Aspects Juridiques de l'Acquisition : L'acquisition d'une propriété est encadrée par un ensemble complexe de lois et de réglementations qui varient selon la juridiction. Il est primordial de comprendre ces aspects juridiques pour éviter toute complication future. Cela inclut les lois sur le zonage, les restrictions d'usage, les droits de passage, et plus encore. Travailler avec un avocat spécialisé en immobilier peut t'aider à naviguer dans ces eaux légales et à t'assurer que tous les documents nécessaires sont en ordre.

2. Formalités Contractuelles : Le contrat d'achat est le document clé qui scelle l'accord entre le vendeur et l'acheteur. Il doit clairement stipuler toutes les conditions de la vente, y compris le prix d'achat, les conditions de financement, les inspections requises, et les dates limites pour chaque étape. Il est essentiel que ce contrat soit soigneusement révisé par des professionnels pour s'assurer qu'il protège tes intérêts.

3. Financement de l'Acquisition : Obtenir le financement nécessaire est une autre étape cruciale de l'acquisition. Cela peut impliquer l'obtention d'un prêt hypothécaire, la négociation des termes du prêt, et la compréhension des différentes options de financement disponibles. Il est important de comparer les offres de plusieurs prêteurs pour trouver les conditions les plus avantageuses et de comprendre pleinement les implications financières de ton emprunt, y compris les taux d'intérêt, les frais de clôture, et les paiements mensuels.

4. Due Diligence Financière et Légale : Avant de finaliser l'achat, une due diligence approfondie est nécessaire. Cela signifie vérifier la validité du titre de propriété, s'assurer qu'il n'y a pas de dettes ou de liens contre la propriété, et confirmer que toutes les approbations réglementaires pour l'utilisation prévue de la propriété ont été obtenues. Cette étape peut également inclure une évaluation de la propriété pour confirmer sa valeur marchande.

5. Clôture de la Transaction : La clôture est l'étape finale du processus d'achat, où la propriété est officiellement transférée de l'ancien propriétaire à l'acheteur. Cela implique le paiement du prix d'achat, le transfert du titre de propriété, et le règlement de tous les frais associés, tels que les frais de notaire, les taxes de transfert, et les frais d'enregistrement. La préparation et la révision minutieuse de tous les documents de clôture sont essentielles pour garantir une transition sans problème.

6. Planification Post-Acquisition : Une fois la transaction clôturée, il est temps de mettre en œuvre les plans pour la propriété. Cela peut inclure la planification des travaux de rénovation, la mise en place de la gestion de la propriété, et le démarrage de toute activité commerciale prévue. Une gestion financière et juridique prudente continue d'être importante même après l'acquisition pour assurer le succès à long terme du projet.

En résumé, la gestion des formalités juridiques et financières est une étape indispensable qui nécessite une attention particulière et l'expertise de professionnels qualifiés. Une bonne gestion de ces aspects assure non seulement la légalité et la sécurité de ton investissement, mais pave également la voie pour la réussite de ton projet immobilier. Dans les prochaines sections, nous explorerons comment débuter la planification des travaux de rénovation dès l'acquisition et l'importance d'adopter une approche éthique et responsable dans tout le processus.

Planification de la rénovation

La rénovation d'une propriété est souvent le cœur d'un projet immobilier réussi. Elle permet non seulement de personnaliser et d'améliorer un espace mais aussi d'accroître significativement sa valeur sur le marché. L'importance de débuter la planification des travaux de rénovation dès l'acquisition ne saurait être sous-estimée. Cette phase préparatoire est cruciale pour aligner vos ambitions de rénovation avec la réalité du marché, les contraintes budgétaires et les exigences réglementaires.

Définir une Vision Claire : Avant même la finalisation de l'achat, il est essentiel de définir une vision claire de ce que vous souhaitez accomplir avec la rénovation. Cette vision doit tenir compte des potentiels de la propriété, de vos objectifs d'investissement et des besoins du marché local. Une analyse approfondie du marché vous aidera à comprendre quelles rénovations sont susceptibles d'offrir le meilleur retour sur investissement.

Évaluation Préliminaire et Audit : Une fois la propriété acquise, réalisez une évaluation préliminaire pour identifier les zones nécessitant une intervention. Cela pourrait impliquer des audits énergétiques, des inspections structurelles ou des évaluations des systèmes électriques et de plomberie. Ces évaluations initiales sont fondamentales pour prioriser les travaux et éviter les surprises coûteuses à mi-parcours.

Consultation des Experts : Engager des architectes, des designers d'intérieur ou des ingénieurs dès le début peut transformer vos idées en plans réalisables. Ces experts peuvent apporter des solutions créatives pour maximiser l'espace et l'efficacité, tout en veillant au respect des normes de construction et à l'optimisation des coûts.

Planification Budgétaire : Établir un budget prévisionnel détaillé est une étape indispensable. Ce budget doit couvrir tous les aspects de la rénovation, y compris les matériaux, la main-d'œuvre, les permis et une réserve pour les imprévus. La clarté budgétaire dès le départ aide à guider les décisions de conception et à éviter les dépassements de coûts.

Anticipation des Permis et Approbations : La connaissance des exigences réglementaires et la planification des démarches pour obtenir les permis nécessaires sont essentielles pour éviter les retards. Chaque municipalité a ses propres règles concernant les rénovations ; il est donc crucial de se renseigner et de soumettre les demandes bien avant le début des travaux.

Planification Stratégique des Phases de Travail : Décider de l'ordre et du calendrier des travaux est un aspect critique de la planification. Prioriser les projets de rénovation qui ont le plus grand impact sur la valeur de la propriété ou qui sont essentiels pour sa fonctionnalité peut aider à rationaliser le processus de rénovation.

Préparation à la Flexibilité : La rénovation est un processus dynamique, sujet à des changements inattendus. Être préparé à ajuster les plans, que ce soit en raison de découvertes durant les travaux ou de modifications des objectifs de rénovation, est crucial pour le succès du projet.

Communication et Suivi : Établir des lignes de communication claires avec votre équipe de rénovation et mettre en place des mécanismes de suivi réguliers vous permettront de rester informé de l'avancement des travaux et de gérer efficacement les éventuels écarts par rapport au plan initial.

En se concentrant sur ces éléments de planification dès l'acquisition, vous vous positionnez pour une rénovation réussie, alignée avec vos objectifs financiers et esthétiques. La transition vers le chapitre suivant, qui traite de la gestion concrète des travaux de rénovation, s'appuiera sur cette fondation solide, en explorant comment transformer votre vision planifiée en réalité tangible, tout en maintenant l'intégrité du projet et en contrôlant les coûts et le calendrier.

Aspects éthiques et responsables

Dans le domaine de l'investissement immobilier, l'adoption d'une approche éthique et responsable est non seulement une question de conformité légale, mais elle reflète également une conscience des impacts sociaux et environnementaux de nos actions. Alors que nous progressons vers le chapitre sur le développement du projet, où la gestion de la rénovation, le contrôle des coûts, et la valorisation de la propriété seront explorés en détail, il est crucial de souligner l'importance de l'éthique et de la responsabilité dès la phase d'acquisition.

1. Transparence dans les Transactions : La transparence est fondamentale dans toutes les transactions immobilières. Cela signifie fournir toutes les informations pertinentes sur la propriété, y compris les défauts potentiels, les restrictions légales, ou les servitudes. Une communication ouverte et honnête avec toutes les parties prenantes renforce la confiance et contribue à des transactions équitables.

2. Respect des Communautés Locales : L'acquisition de propriétés doit prendre en compte l'impact sur les communautés locales. Cela inclut la considération des effets de la gentrification, le déplacement potentiel des résidents actuels, et l'impact sur le tissu social local. Travailler en collaboration avec la communauté pour s'assurer que le projet répond à ses besoins et contribue positivement à son développement est essentiel.

3. Durabilité et Respect de l'Environnement : Les considérations environnementales doivent être au cœur de toute décision d'acquisition et de rénovation. Cela comprend la sélection de matériaux durables, la réduction de l'empreinte carbone des travaux de rénovation, et l'intégration de technologies vertes. Adopter des pratiques qui minimisent l'impact environnemental contribue à la préservation de notre planète pour les générations futures.

4. Conformité aux Normes et Réglementations : Assurer la conformité avec toutes les lois et réglementations locales est une responsabilité fondamentale. Cela va au-delà de la simple obtention des permis nécessaires ; il s'agit de respecter l'esprit des lois conçues pour protéger les intérêts publics, les droits des locataires, et l'intégrité des structures bâties.

5. Investissement Socialement Responsable : L'investissement immobilier offre une opportunité unique de contribuer au bien-être social par le biais de projets qui fournissent des logements abordables, soutiennent l'inclusion sociale, ou revitalisent des quartiers délaissés. Envisager l'impact social de tes investissements peut non seulement générer des retours financiers, mais aussi contribuer à la construction d'une société plus équitable et inclusive.

6. Éthique Professionnelle : Cultiver une éthique professionnelle solide parmi tous les acteurs impliqués dans l'acquisition et le développement immobilier est crucial. Cela inclut le choix de partenaires et de fournisseurs qui partagent une vision éthique et responsable, et qui s'engagent à maintenir des standards élevés dans leur travail.

7. Prévention des Conflits d'Intérêt : Être vigilant(e) aux conflits d'intérêt potentiels et les gérer de manière transparente est essentiel pour maintenir l'intégrité du processus d'acquisition. Cela peut impliquer de révéler toute relation qui pourrait influencer ou paraître influencer tes décisions d'investissement.

En adoptant une approche éthique et responsable dès l'acquisition de propriétés, tu poses les bases d'un projet immobilier qui non seulement réussit financièrement, mais qui est également en harmonie avec les principes de durabilité, de justice sociale, et de respect de l'environnement. Cette fondation éthique te guide à travers toutes les étapes du développement du projet, de la gestion de la rénovation à la maximisation de la valeur de la propriété, en assurant que chaque décision contribue positivement à la société et à l'environnement.

Chapitre 6
Le développement durant le projet

Gestion de la rénovation

Après avoir sécurisé l'acquisition de la propriété, la phase de rénovation devient le théâtre où les plans prennent vie. Cette partie du processus de développement exige une gestion précise, non seulement pour respecter le budget et les délais mais aussi pour s'assurer que le résultat final correspond à la vision initiale et répond aux attentes du marché.

L'Importance d'une Vision Directive

Le succès de la rénovation dépend fortement de la clarté de la vision initiale. Cette vision, alignée avec les besoins du marché et les objectifs d'investissement, doit guider toutes les décisions prises durant les travaux. Elle permet de déterminer les priorités, de choisir les matériaux, et de décider des aménagements qui apporteront la plus grande valeur ajoutée à la propriété.

Stratégies pour une Rénovation Efficace

Planification Détaillée des Améliorations : Définissez précisément quels aspects de la propriété seront améliorés, en tenant compte des tendances actuelles du marché et des attentes des futurs occupants.

Cette étape devrait aboutir à un cahier des charges clair pour les entrepreneurs.

Sélection Ciblée des Interventions : Concentrez-vous sur les rénovations qui offrent le meilleur retour sur investissement. Des améliorations comme la mise à jour des cuisines et des salles de bain, l'optimisation de l'efficacité énergétique, ou l'ajout d'espaces de vie extérieurs peuvent significativement augmenter la valeur de la propriété.

Utilisation de Technologies Modernes : L'adoption de solutions technologiques peut améliorer l'efficacité des travaux de rénovation. Des logiciels de gestion de projet aux applications de conception assistée par ordinateur (CAO), ces outils facilitent la planification, la visualisation des changements et la communication avec les équipes.

Approche Durable : Intégrer des pratiques de construction durable et des matériaux écologiques dans les rénovations peut non seulement réduire l'impact environnemental du projet mais aussi attirer des acheteurs ou des locataires conscients des enjeux écologiques.

Gestion Active du Chantier : Une présence régulière sur le chantier permet de s'assurer que les travaux avancent conformément au plan, de résoudre rapidement les problèmes qui surgissent et de maintenir une communication fluide avec les équipes.

Anticipation et Flexibilité : Bien que la planification soit essentielle, être prêt à s'adapter aux découvertes faites durant les travaux est tout aussi important. La flexibilité permet de répondre efficacement aux imprévus sans compromettre la qualité ou les objectifs du projet.

Contrôle de Qualité Rigoureux : Mettre en place des procédures de contrôle de qualité à chaque étape de la rénovation assure que les finitions répondent aux standards élevés et que la propriété sera prête à répondre aux exigences du marché à sa mise en vente ou en location.

La gestion de la rénovation est une phase où la vision, la stratégie et l'exécution se rencontrent. En abordant cette étape avec une planification approfondie, une attention aux détails et une flexibilité face aux imprévus, vous pouvez transformer une propriété pour maximiser son potentiel et atteindre vos objectifs d'investissement. Les prochaines sections du chapitre exploreront comment maintenir le projet dans les limites du budget et des délais prévus, gérer les défis imprévus, et valoriser la propriété avant la vente, pour une conclusion réussie du projet de rénovation.

Contrôle des coûts et du calendrier

La maîtrise de ton budget et le respect des délais sont essentiels pour la réussite de ton projet de rénovation. Ces éléments nécessitent une gestion attentive et l'utilisation de stratégies éprouvées pour éviter les dépassements et les retards. Voici comment tu peux efficacement garder le contrôle.

1. Établis un Budget Précis : Commence par définir un budget détaillé qui couvre tous les aspects du projet, des matériaux à la main-d'œuvre, sans oublier les permis et une marge pour les imprévus. L'usage de logiciels de gestion ou de tableurs te permettra de suivre tes dépenses en temps réel.

2. Planifie avec Réalisme : Fixe un calendrier réaliste. Prends en compte les délais de livraison des matériaux et le temps nécessaire pour chaque phase. Un calendrier bien pensé révèle les étapes clés et aide à organiser les ressources.

3. Optimise Tes Achats : Acheter les matériaux à l'avance et en gros peut te faire économiser. Négocie avec les fournisseurs pour de meilleurs tarifs et explore des alternatives économiques qui ne compromettent pas la qualité.

4. Assure un Suivi Rigoureux : Suit régulièrement les dépenses et compare-les au budget initial. Sois prêt à ajuster si nécessaire, soit en réduisant les coûts sur d'autres lignes, soit en révisant le budget total.

5. Gère Activement le Projet : Une gestion active signifie être régulièrement sur le chantier pour surveiller les avancées et adresser vite les problèmes. Cela évite les retards et assure que le projet progresse comme prévu.

6. Communique Efficacement : Maintiens une communication claire avec tous les acteurs du projet. Résoudre proactivement les malentendus peut éviter des retards coûteux.

7. Prévois une Réserve pour les Imprévus : Alloue une réserve budgétaire de 10 à 20% pour les imprévus. Cette marge peut couvrir les coûts inattendus sans mettre en péril le projet.

8. Utilise des Outils Numériques : Les logiciels de gestion de projet facilitent le suivi du budget, la planification des tâches et la collaboration. Ces outils augmentent l'efficacité et aident à garder le projet sur les rails.

Tenir ton budget et tes délais nécessite une préparation soigneuse, un suivi constant et une gestion proactive. En mettant en pratique ces stratégies, tu pourras non seulement respecter les limites fixées mais aussi optimiser la rentabilité de ton investissement immobilier. La prochaine section te guidera à travers la gestion des imprévus, un aspect crucial pour surmonter avec succès les défis inattendus qui peuvent émerger pendant la rénovation.

Gestion des imprévus

Même avec la meilleure planification, les rénovations de propriétés réservent souvent des surprises. Les imprévus peuvent varier des découvertes de problèmes structurels cachés à des retards de livraison ou une hausse soudaine des coûts des matériaux. Voici comment tu peux gérer ces défis efficacement pour minimiser leur impact sur ton projet.

1. Anticipation et Préparation

La première étape pour gérer les imprévus est de les anticiper. Inclure une marge pour les imprévus dans ton budget initial est crucial. Une réserve d'environ 10 à 20% du budget total peut t'aider à couvrir les coûts supplémentaires sans compromettre la viabilité financière du projet.

2. Évaluation Rapide et Précise

Lorsqu'un imprévu survient, évalue rapidement l'ampleur du problème et son impact potentiel sur le projet. Cela peut nécessiter de consulter des experts ou des professionnels pour obtenir une évaluation précise. Une fois le problème clairement identifié, tu peux élaborer un plan d'action pour y répondre.

3. Flexibilité dans la Planification

Sois flexible dans ta planification. Les imprévus peuvent nécessiter des ajustements dans le calendrier de rénovation ou dans la répartition des ressources. Être prêt à revoir ton plan et à faire preuve de souplesse peut t'aider à surmonter les obstacles sans subir de retards majeurs.

4. Communication Ouverte

Maintiens une communication ouverte avec ton équipe de rénovation, y compris les entrepreneurs, les architectes et les fournisseurs. Informe-les rapidement des changements ou des défis rencontrés. Une communication efficace est essentielle pour trouver des solutions et pour que tous les acteurs restent alignés sur les objectifs du projet.

5. Recherche de Solutions Créatives

Face à un défi, cherche des solutions créatives. Parfois, un problème peut se transformer en opportunité pour améliorer le projet ou réduire les coûts. Par exemple, la découverte d'un défaut structurel pourrait te conduire à repenser la disposition d'une pièce de manière plus fonctionnelle et esthétique.

6. Gestion des Changements

Documente tout changement dans le projet résultant d'un imprévu, y compris les ajustements de coûts et de calendrier. Cela t'aidera non seulement à maintenir un suivi précis du projet mais aussi à justifier les dépenses supplémentaires auprès des parties prenantes ou des financeurs.

7. Apprendre de Chaque Expérience

Chaque imprévu est une occasion d'apprendre. Analyse les causes des problèmes rencontrés et les solutions apportées pour tirer des leçons qui pourront être appliquées dans tes futurs projets. Cela t'aidera à mieux anticiper et à gérer les imprévus dans le futur.

La gestion des imprévus fait partie intégrante de la rénovation d'une propriété. En adoptant une approche proactive, flexible et créative, tu peux surmonter ces défis et minimiser leur impact sur ton projet. La clé est de rester calme, de maintenir une communication claire et de ne pas perdre de vue tes objectifs à long terme. La prochaine section se concentrera sur la valorisation de la propriété, en explorant les stratégies pour maximiser sa valeur avant la vente, une étape cruciale pour la réussite de ton investissement immobilier.

Maximiser la valeur de ta propriété avant la mise en vente est crucial pour optimiser ton retour sur investissement. Les acheteurs potentiels cherchent non seulement une maison qui répond à leurs besoins mais aussi un investissement qui leur semble judicieux. Voici des stratégies efficaces pour valoriser ta propriété.

1. Rénovations Ciblées

Les rénovations peuvent considérablement augmenter la valeur d'une propriété, mais toutes les rénovations ne se valent pas. Concentre-toi sur les améliorations qui offrent le meilleur retour sur investissement, telles que la modernisation de la cuisine et de la salle de bain, l'amélioration de l'efficacité énergétique et l'ajout d'espaces de vie extérieurs attractifs. Ces zones tendent à attirer l'attention des acheteurs et peuvent justifier un prix de vente plus élevé.

2. Mise en Scène de la Propriété (Home Staging)

Le home staging est une technique puissante pour mettre en valeur le potentiel de ta propriété. En organisant soigneusement l'espace, en dépersonnalisant la décoration et en mettant en lumière les points forts de la propriété, tu peux susciter une connexion émotionnelle avec les acheteurs potentiels. Engager un professionnel du home staging peut être un investissement judicieux.

3. Améliorations Extérieures

L'attrait extérieur (curb appeal) est crucial; il représente la première impression qu'un acheteur potentiel aura de la propriété. Investis dans le paysagisme, peins la façade si nécessaire et assure-toi que l'entrée est accueillante. Des améliorations simples comme le remplacement des numéros de maison, l'ajout de plantes ou le rafraîchissement de la boîte aux lettres peuvent faire une grande différence.

4. Mises à Jour Techniques

Si ta propriété est plus ancienne, envisage des mises à jour techniques pour la rendre plus attrayante. Cela peut inclure la mise à niveau des systèmes électriques et de plomberie, l'installation de systèmes de chauffage et de refroidissement plus efficaces ou l'ajout de technologies intelligentes (domotique).

5. Documentation Complète

Préparer une documentation complète sur la propriété peut rassurer les acheteurs sur la qualité de ton investissement. Cela inclut les garanties pour les travaux récents, les factures pour les réparations majeures, et les rapports d'inspection. Offrir une image transparente et rassurante de la propriété peut justifier une prime sur le prix de vente.

6. Stratégies de Tarification

Déterminer le bon prix est un équilibre délicat entre maximiser ton retour et attirer des acheteurs. Une évaluation professionnelle peut t'aider à fixer un prix compétitif basé sur des comparaisons de marché (comps) récentes et sur les tendances actuelles du marché.

7. Promotion Ciblée

Une fois que tu as préparé ta propriété, une promotion ciblée peut attirer les bons acheteurs. Cela inclut la mise en place d'une stratégie de marketing multi-canal qui utilise des photos professionnelles, des visites virtuelles, et des annonces sur des plateformes en ligne ainsi que dans des médias traditionnels.

En adoptant ces stratégies pour valoriser ta propriété avant la vente, tu te places dans une position avantageuse pour attirer des acheteurs potentiels et maximiser ton retour sur investissement. La préparation minutieuse, la présentation soignée et la promotion stratégique sont les clés pour transformer ta propriété en une offre irrésistible sur le marché immobilier. La suite de notre guide abordera le processus de vente, offrant des conseils sur la mise en marché, la négociation et la conclusion réussie de la transaction.

Chapitre 7

Le Processus de Vente

Stratégies de mise sur le marché

La mise sur le marché d'une propriété est une étape cruciale qui détermine non seulement la rapidité de la vente, mais aussi le prix final de la transaction. Voici comment tu peux positionner et promouvoir efficacement ta propriété pour attirer des acheteurs potentiels et maximiser ton retour sur investissement.

1. Identification du Public Cible

Avant toute chose, détermine qui est le public cible de ta propriété. Est-ce des familles, des professionnels jeunes, des investisseurs ou des retraités ? Comprendre ton marché cible te permettra de personnaliser ta stratégie de marketing pour répondre à leurs besoins et attirer leur attention.

2. Utilisation des Services d'un Agent Immobilier

Un agent immobilier expérimenté peut apporter une valeur inestimable à ton processus de vente. Il possède une connaissance approfondie du marché local, un réseau d'acheteurs potentiels, et l'expertise nécessaire pour négocier les meilleures conditions. Choisis un agent qui a une bonne réputation et une expérience prouvée dans la vente de propriétés similaires à la tienne.

3. Création de Matériel Marketing de Qualité

Le matériel marketing, y compris les photos professionnelles, les vidéos et les visites virtuelles, est essentiel pour présenter ta propriété sous son meilleur jour. Investis dans un photographe immobilier professionnel pour capturer la beauté et les caractéristiques uniques de ta propriété. Les visites virtuelles permettent aux acheteurs potentiels de se projeter dans l'espace, augmentant ainsi leur intérêt.

4. Marketing en Ligne et sur les Réseaux Sociaux

La présence en ligne est aujourd'hui indispensable. Utilise des plateformes immobilières en ligne, des sites web personnels et des réseaux sociaux pour promouvoir ta propriété. La création de contenus engageants et le ciblage précis peuvent accroître la visibilité de ta propriété et attirer des acheteurs potentiels.

5. Journées Portes Ouvertes et Visites Privées

Organiser des journées portes ouvertes permet aux acheteurs potentiels de visiter la propriété et de s'imaginer y vivre. Les visites privées peuvent également être arrangées pour des acheteurs sérieux qui préfèrent une expérience plus personnelle.

6. Pricing Stratégique

Le prix de ta propriété doit être compétitif pour attirer l'attention dans un marché saturé. Utilise des analyses comparatives de marché (comparables) pour fixer un prix qui reflète à la fois la valeur de ta propriété et les conditions actuelles du marché. Un prix stratégiquement défini peut susciter un intérêt immédiat et potentiellement des offres multiples.

7. *Feedback et Ajustements*

Recueille les retours des visiteurs et des agents immobiliers après les visites et ajuste ta stratégie de vente en conséquence. Que ce soit en ajustant le prix, en améliorant le home staging ou en modifiant les annonces, reste flexible et ouvert aux changements pour améliorer les chances de vente.

La mise sur le marché d'une propriété est un art qui nécessite stratégie, patience et adaptabilité. En suivant ces étapes, tu positionneras efficacement ta propriété sur le marché, attirant des acheteurs potentiels et maximisant les chances d'une vente réussie. La prochaine section abordera les techniques de négociation pour conclure la vente avec succès, un élément tout aussi crucial dans le processus de vente.

Négociation de la vente - Techniques de négociation pour conclure la vente avec succès.

La négociation de la vente d'une propriété est une étape cruciale qui requiert tact et stratégie. Pour conclure une vente avec succès, plusieurs techniques peuvent être mises en œuvre pour s'assurer que les deux parties, vendeur et acheteur, sortent gagnantes de l'accord.

Préparation et Recherche: Avant d'entrer dans toute négociation, il est essentiel de bien connaître le marché immobilier local, y compris les prix des propriétés similaires et les conditions du marché. Cette connaissance te permettra de fixer un prix de vente réaliste et de défendre ta position.

Fixer un Prix de Départ Stratégique: Le prix de départ doit être fixé en tenant compte du marché mais aussi de ta marge de négociation. Il doit être suffisamment attractif pour susciter l'intérêt, mais aussi te laisser une marge pour négocier.

Savoir Écouter: Une bonne négociation implique deux parties qui s'écoutent. Comprends les besoins et les motivations de l'acheteur pour pouvoir adapter ton offre et trouver un terrain d'entente.

Mettre en Avant les Avantages de la Propriété: Souligne les aspects uniques et les avantages de ta propriété pour justifier ton prix de vente. Que ce soit la localisation, les rénovations récentes ou les caractéristiques écologiques, chaque détail compte.

Être Prêt à Faire des Concessions: Identifie à l'avance quels aspects tu es prêt à négocier. Cela peut inclure le prix, les conditions de vente, ou certains aspects de la propriété elle-même.

Utiliser le Silence Comme Tactique: Parfois, le silence peut être une puissante tactique de négociation. Laisser un silence après une offre peut pousser l'acheteur à parler et potentiellement à révéler ses intentions ou à faire une meilleure offre.

Conclure l'Accord: Une fois qu'un accord est proche, concentre-toi sur la conclusion de la vente. Cela peut impliquer de résumer les termes convenus, de réitérer les avantages de l'accord pour l'acheteur et de fixer une date pour la signature du contrat.

Garder une Attitude Positive: La négociation peut être un processus stressant, mais garder une attitude positive et ouverte peut faciliter les échanges et mener à une conclusion satisfaisante pour les deux parties.

La négociation de la vente est une danse délicate entre donner et prendre. En te préparant soigneusement, en écoutant et en comprenant les besoins de l'acheteur, et en employant des tactiques de négociation éprouvées, tu peux augmenter tes chances de conclure la vente avec succès. La clé est de rester flexible, patient et concentré sur l'objectif final : une transaction bénéfique pour toi et l'acheteur.

Clôture de la transaction

La clôture de la transaction marque la finalisation de la vente d'une propriété, un moment clé où la propriété change officiellement de mains. Ce processus implique plusieurs étapes cruciales, allant de la vérification légale à la finalisation financière. Voici un aperçu des démarches à suivre pour assurer une clôture de transaction réussie.

1. Vérification de la Conformité Légale et des Titres

La première étape consiste à s'assurer que tous les aspects légaux de la propriété sont en ordre. Cela inclut la vérification du titre de propriété pour s'assurer qu'il n'y a pas de charges ou de liens contre la propriété qui pourraient entraver la vente. L'acheteur peut engager un service de titre ou un notaire pour effectuer cette recherche et fournir une assurance titre.

2. Inspections Finales

Avant la clôture, des inspections finales peuvent être nécessaires pour confirmer que la propriété est dans l'état convenu. Cela peut inclure des inspections structurelles, environnementales ou autres spécifiées dans le contrat de vente. Les résultats de ces inspections peuvent conduire à des négociations de dernière minute si des problèmes sont découverts.

3. Accord sur les Derniers Détails

Les acheteurs et les vendeurs doivent s'accorder sur tous les détails finaux, y compris les ajustements pour les taxes foncières, les frais de copropriété, ou les coûts de services publics proratés. Cette étape nécessite souvent un dialogue ouvert et une flexibilité de la part des deux parties.

4. Documents Financiers et Juridiques

La préparation et la signature des documents juridiques et financiers constituent le cœur de la clôture de la transaction. Cela comprend le contrat de vente final, les documents de prêt hypothécaire, les déclarations de transfert, et d'autres documents requis par la loi locale. Chaque document doit être examiné attentivement avant la signature.

5. Règlement des Frais de Clôture

Les frais de clôture, qui peuvent inclure les honoraires d'agent, les frais de notaire, les taxes de transfert et les frais de prêt, doivent être réglés. Le détail de ces frais doit être clairement établi dans une déclaration de clôture, permettant aux deux parties de voir exactement ce qui est dû et à qui.

6. Transfert des Fonds

Le paiement final de l'acheteur au vendeur est souvent géré par un compte séquestre pour assurer la sécurité de la transaction. Une fois que tous les documents sont signés et que tous les frais sont réglés, les fonds peuvent être libérés au vendeur, marquant la conclusion financière de la vente.

7. Remise des Clés

La remise des clés à l'acheteur est souvent le dernier acte de la transaction, symbolisant le transfert officiel de la propriété. Cela se fait généralement après que tous les documents ont été signés et que les fonds ont été transférés.

Réflexion sur la Transaction

Après la clôture, il est judicieux de prendre du temps pour réfléchir sur le processus de vente dans son ensemble. Cela implique d'évaluer les succès et les échecs, de tirer des leçons des défis rencontrés, et de documenter les expériences pour de futurs projets. Une analyse approfondie peut révéler des insights précieux sur la manière d'optimiser les transactions futures, d'améliorer la stratégie de négociation, et de peaufiner les techniques de mise en marché.

La clôture de la transaction est la concrétisation de mois, voire d'années, de planification, de préparation et de travail acharné. En suivant scrupuleusement ces étapes et en tirant des leçons de chaque projet, tu te places dans une position idéale pour réussir dans le domaine de l'investissement immobilier.

Analyse et apprentissage - Réflexion sur le projet, évaluation des succès et des échecs, et tirer des leçons pour les futurs projets.

Une fois la transaction conclue, il est essentiel de prendre du recul et d'analyser le projet dans son ensemble. Cette réflexion permet d'identifier ce qui a fonctionné, ce qui n'a pas fonctionné, et comment ces expériences peuvent être utilisées pour améliorer les futurs projets immobiliers. Voici comment procéder pour une analyse efficace et constructive.

Réflexion sur les Succès

Identifier les Points Forts : Commence par reconnaître les aspects du projet qui se sont déroulés sans accroc. Cela peut inclure une planification efficace, une excellente gestion du budget, ou la réussite de la négociation de la vente. Comprendre tes points forts te permettra de les reproduire dans tes futurs projets.

Analyser les Facteurs de Réussite : Examine les raisons derrière chaque succès. Était-ce dû à une préparation minutieuse, à l'utilisation d'outils spécifiques, ou à une bonne communication avec ton équipe ? Identifier ces facteurs te donnera des pistes concrètes pour maintenir et améliorer ta performance.

Évaluation des Échecs

Reconnaître les Difficultés : Admettre les échecs est tout aussi important que de célébrer les réussites. Que ce soit des dépassements de budget, des retards, ou des problèmes avec les entrepreneurs, reconnaître ces difficultés est le premier pas vers l'amélioration.

Comprendre les Causes : Pour chaque échec, essaie de déterminer les causes sous-jacentes. Manquait-il de clarté dans tes instructions ? Les délais étaient-ils irréalistes ? Une meilleure compréhension des problèmes rencontrés t'aidera à éviter de les répéter.

Tirer des Leçons

Leçons Apprises : Transforme chaque expérience, bonne ou mauvaise, en une leçon pour l'avenir. Cela pourrait être l'importance d'une vérification plus approfondie des entrepreneurs ou la nécessité de garder une marge plus importante pour les imprévus.

Application aux Futurs Projets : Réfléchis à la manière dont ces leçons peuvent être appliquées à tes futurs projets. Peut-être qu'une meilleure évaluation initiale des propriétés pourrait t'aider à éviter des coûts de rénovation imprévus, ou que l'amélioration de la communication avec ton équipe pourrait réduire les retards.

Documentation et Partage

Documenter tes Expériences : Prends le temps de documenter tes réflexions, leçons apprises, et stratégies réussies. Cela te servira de référence pour tes futurs projets et pourrait également être utile à d'autres investisseurs immobiliers.

Partager tes Connaissances : Envisage de partager tes expériences avec la communauté des investisseurs immobiliers. Que ce soit à travers des blogs, des séminaires, ou des réunions de réseautage, partager tes succès et tes échecs peut aider d'autres à apprendre et à grandir.

Conclusion

L'analyse et l'apprentissage post-projet sont des étapes clés dans le développement de ta carrière en tant qu'investisseur immobilier. En prenant le temps de réfléchir à chaque projet, tu construis une base solide de connaissances et de compétences qui te servira dans tous tes futurs investissements immobiliers.

PARTIE 3
Conseils et Astuces

Chapitre 8

Erreurs à Éviter

Sous-Estimation des coûts de Rénovation - Comment éviter les erreurs courantes dans le calcul des coûts de rénovation.

L'un des pièges les plus courants dans le domaine de l'investissement immobilier est la sous-estimation des coûts de rénovation. Cette erreur peut gravement affecter la rentabilité d'un projet, entraînant des dépassements de budget et mettant en péril l'ensemble de l'investissement. Voici comment tu peux éviter cette erreur courante et te préparer au mieux pour tes projets de rénovation.

1. Faire une Évaluation Détaillée Avant l'Achat

Avant de finaliser l'achat d'une propriété destinée à la rénovation, il est crucial d'effectuer une évaluation détaillée de l'état actuel de la propriété. Cela peut nécessiter l'expertise d'inspecteurs professionnels, d'architectes ou d'ingénieurs pour identifier les réparations nécessaires et les améliorations potentielles.

2. Prévoir un Budget pour les Imprévus

Même avec une planification minutieuse, des problèmes inattendus peuvent surgir une fois les travaux de rénovation entamés. Allouer une part de ton budget aux imprévus, généralement entre 10% et

20% du budget total de rénovation, peut te donner la flexibilité nécessaire pour faire face à ces surprises sans compromettre ton projet.

3. Obtenir Plusieurs Devis

Pour chaque aspect de la rénovation, il est judicieux de demander plusieurs devis. Cela te donne une meilleure idée du coût réel des travaux et te permet de comparer les offres pour trouver le meilleur rapport qualité-prix. Méfie-toi des devis qui semblent trop beaux pour être vrais, car ils peuvent cacher des coûts supplémentaires non mentionnés.

4. Comprendre les Coûts de Main-d'œuvre

Les coûts de main-d'œuvre peuvent varier considérablement en fonction de la région, du type de travail requis et de la saison. Prends le temps de rechercher les taux moyens dans ton secteur et de discuter en détail avec les entrepreneurs pour comprendre ce qui est inclus dans leurs estimations.

5. Anticiper les Coûts des Matériaux

Les prix des matériaux de construction peuvent fluctuer en fonction des tendances du marché et des facteurs économiques externes. Lors de la planification de ton budget, tiens compte de ces potentielles variations et essaie de bloquer les prix ou d'acheter les matériaux à l'avance si possible.

6. Inclure les Frais Permis et Légaux

Ne néglige pas les coûts associés à l'obtention des permis nécessaires et à la conformité avec les réglementations locales. Ces frais peuvent s'ajouter rapidement et devraient être intégrés dans le budget initial de rénovation.

7. Planification et Suivi Rigoureux

Un suivi rigoureux des dépenses tout au long du projet est essentiel pour rester dans les limites du budget. Utilise des outils de gestion de projet pour suivre les coûts en temps réel et ajuste ta planification en conséquence si tu constates des écarts.

En tenant compte de ces conseils, tu pourras mieux estimer les coûts de rénovation et éviter les pièges de la sous-estimation. Une approche méthodique et attentive à la planification et au suivi des coûts est la clé pour garantir la rentabilité de tes investissements immobiliers.

Négliger l'Analyse du Marché - L'importance d'une évaluation approfondie du marché avant d'acheter une propriété.

Problèmes juridiques et de conformité

Dans le monde des projets immobiliers, la compréhension et le respect des cadres juridiques et réglementaires sont essentiels pour éviter des complications coûteuses et des retards. Voici quelques conseils pour naviguer dans ces eaux parfois complexes.

1. Connaissance des Réglementations Locales

Chaque municipalité ou région a ses propres réglementations concernant la rénovation et la construction. Avant de commencer un projet de projets, informe-toi sur les codes du bâtiment locaux, les règles de zonage, et les restrictions éventuelles. Cela peut impliquer des règles spécifiques à la conservation du patrimoine, des limitations sur les extensions ou des exigences en matière d'efficacité énergétique.

2. Permis de Construire

La plupart des projets de rénovation significatifs nécessitent un ou plusieurs permis de construire. Le processus d'obtention de ces permis peut être long et nécessiter la soumission de plans détaillés et parfois l'approbation de comités de planification. Commencer les travaux sans les permis requis peut entraîner des amendes et l'obligation de démolir les travaux non autorisés.

3. Respect des Normes de Sécurité

Les normes de sécurité, telles que les règles contre les incendies et les exigences en matière de santé et de sécurité, doivent être strictement respectées dans tout projet de projet. Cela inclut l'installation correcte des systèmes électriques et de plomberie, l'utilisation de matériaux ignifuges, et l'assurance que toutes les sorties et les voies d'évacuation sont conformes aux normes.

4. Gestion des Contrats

Les contrats avec les entrepreneurs, les architectes, et les autres professionnels impliqués dans le projet doivent être clairs, détaillés, et officiels. Ils doivent définir les attentes, les délais, les coûts, et les modalités de résolution des différends. Un contrat bien rédigé peut protéger tes intérêts en cas de litige ou de désaccord.

5. Assurance et Responsabilité

S'assurer que ton projet est correctement assuré est essentiel pour te protéger contre les accidents, les dommages et les poursuites potentielles. Cela peut inclure une assurance responsabilité civile, une assurance des travailleurs et une assurance contre les dommages matériels. Vérifie également que tes entrepreneurs et sous-traitants sont correctement assurés.

6. Respect des Droits des Locataires

Si ta propriété est occupée pendant la rénovation, il est crucial de respecter les droits des locataires, qui varient selon les juridictions. Cela peut inclure la fourniture d'un préavis adéquat avant le début des travaux, la garantie que les conditions de vie restent sûres et confortables, et le respect des baux existants.

7. Consultation Juridique

Compte tenu de la complexité des questions juridiques et réglementaires, consulter un avocat spécialisé dans l'immobilier peut être un investissement judicieux. Une consultation juridique peut t'aider à naviguer dans les aspects les plus complexes et à éviter les pièges potentiels.

Une compréhension approfondie des aspects juridiques et réglementaires est cruciale pour le succès des projets immobiliers. En te tenant informé, en planifiant soigneusement et en consultant des experts lorsque nécessaire, tu peux minimiser les risques juridiques et réglementaires et assurer une progression fluide de tes projets de rénovation.

Mauvaise gestion du temps

La gestion efficace du temps est essentielle dans le succès des projets immobiliers. Les retards peuvent non seulement augmenter les coûts mais aussi affecter négativement la rentabilité du projet. Voici des stratégies pour optimiser la gestion du temps et maintenir ton projet sur la bonne voie.

1. Planification Détaillée du Projet

Commence par élaborer un plan de projet détaillé, incluant toutes les phases de la rénovation, de l'acquisition à la vente. Utilise des outils de gestion de projet pour établir un calendrier réaliste, en attribuant des délais spécifiques à chaque tâche. Anticipe les dépendances entre les tâches pour éviter les goulets d'étranglement.

2. Fixation d'Objectifs Clair

Définis des objectifs clairs et mesurables pour chaque phase du projet. Cela aide à maintenir l'équipe concentrée et à mesurer les progrès par rapport aux attentes. Des objectifs bien définis facilitent également la communication avec les parties prenantes et les fournisseurs.

3. Priorisation des Tâches

Identifie les tâches critiques qui ont un impact direct sur la suite du projet et priorise-les. Utilise la méthode de la matrice Eisenhower pour classer les tâches en fonction de leur urgence et de leur importance, te permettant de te concentrer sur ce qui doit être fait en premier.

4. Allocation des Ressources

Assure-toi que les ressources nécessaires, qu'il s'agisse de main-d'œuvre, de matériaux ou de financement, sont disponibles au moment approprié. Une mauvaise allocation des ressources peut entraîner des retards inutiles. La planification des ressources doit être intégrée dans ton calendrier de projet global.

5. Suivi et Contrôle

Mets en place un système de suivi pour surveiller l'avancement des travaux par rapport au plan initial. Des réunions régulières avec ton équipe et tes sous-traitants permettent d'identifier et de résoudre rapidement les problèmes, minimisant ainsi les retards.

6. Gestion de la Communication

Une communication efficace est cruciale pour la gestion du temps. Assure-toi que toutes les parties prenantes, y compris les entrepreneurs, les architectes et les agents immobiliers, sont régulièrement informées des progrès et des modifications du projet. Des outils de communication en ligne peuvent faciliter cet échange d'informations.

7. Flexibilité et Adaptabilité

Soyez prêt à ajuster ton plan en fonction des imprévus. La flexibilité peut être la clé pour surmonter les obstacles sans subir de retards majeurs. Cela peut impliquer de réviser les délais, de redéployer les ressources ou de modifier les méthodes de travail.

8. Analyse des Retards

Lorsque des retards surviennent, analyse-les pour comprendre leurs causes et éviter qu'ils ne se reproduisent. Que ce soit en raison de problèmes de livraison, de ressources insuffisantes ou de mauvaise planification, tirer des leçons de chaque retard peut améliorer la gestion du temps pour les projets futurs.

La gestion efficace du temps dans les projets immobiliers n'est pas seulement une question de planification minutieuse; c'est aussi une question d'exécution disciplinée, de communication claire et de flexibilité. En adoptant ces stratégies, tu peux minimiser les retards et leurs coûts associés, augmentant ainsi les chances de succès de ton projet.

Ignorer l'importance du réseau - L'importance de construire et de maintenir un réseau solide dans l'industrie immobilière.

Dans l'industrie immobilière, le succès ne repose pas uniquement sur les compétences individuelles ou les connaissances du marché; il dépend aussi de la qualité et de la portée de ton réseau. Ignorer l'importance de construire et de maintenir un réseau solide peut limiter tes opportunités et freiner ton développement professionnel. Voici pourquoi et comment prioriser le réseautage dans l'immobilier.

1. Accès à des Informations Privilégiées

Un réseau solide offre un accès à des informations que tu ne pourrais pas obtenir autrement. Cela peut inclure des tuyaux sur des propriétés avant qu'elles ne soient listées sur le marché, des conseils sur des tendances émergentes, ou des avertissements sur des zones à éviter. Ces informations privilégiées peuvent te donner un avantage compétitif significatif.

2. Opportunités de Partenariats et d'Investissements

Rencontrer et interagir avec d'autres professionnels de l'immobilier peut ouvrir la porte à des partenariats stratégiques ou à des opportunités d'investissement conjoint. Que ce soit pour partager des coûts, des compétences ou des risques, les partenariats peuvent te permettre de réaliser des projets que tu ne pourrais pas entreprendre seul.

3. Ressources et Soutien

Un réseau solide peut être une source précieuse de soutien et de ressources. Cela peut aller de la recommandation d'entrepreneurs fiables et abordables à des conseils juridiques ou financiers. En période de difficulté, avoir un réseau sur lequel compter peut faire toute la différence.

4. Renforcement de la Réputation

Ta réputation dans l'industrie immobilière est cruciale pour attirer des affaires et des clients. Le réseautage te permet de construire et de maintenir une réputation positive en montrant ton expertise, ton éthique professionnelle et ta capacité à collaborer. Les recommandations et les témoignages de ton réseau peuvent grandement renforcer ta crédibilité.

5. Stratégies pour Construire Ton Réseau

Participer à des Événements de l'Industrie: Les conférences, les séminaires et les réunions de networking sont des occasions idéales pour rencontrer des professionnels de l'immobilier et élargir ton réseau.

Utiliser les Réseaux Sociaux et Professionnels en Ligne: Les plateformes comme LinkedIn, les forums spécialisés et les groupes Facebook peuvent être d'excellents outils pour te connecter avec des collègues de l'industrie à l'échelle mondiale.

Offrir de l'Aide et des Conseils: Une manière efficace de construire des relations durables est d'offrir ton aide et tes connaissances sans attendre de contrepartie immédiate. Cela peut établir une base solide pour des relations mutuellement bénéfiques à long terme.

Maintenir les Relations: Construire un réseau est une chose; le maintenir en est une autre. Prends régulièrement des nouvelles de tes contacts, propose des rencontres informelles, et reste disponible pour offrir ton aide ou tes conseils.

Ne sous-estime jamais l'importance du réseau dans l'industrie immobilière. En investissant du temps et des efforts pour construire et entretenir des relations professionnelles, tu peux ouvrir la porte à une multitude d'opportunités et de ressources qui te permettront de réussir et de prospérer dans tes projets immobiliers.

Vendre au mauvais moment

La décision de vendre une propriété immobilière et le timing de cette vente peuvent grandement influencer les profits réalisés sur un projet immobilier. Vendre au mauvais moment, c'est-à-dire lorsque le marché est en baisse ou saturé d'offres, peut réduire significativement tes gains, voire entraîner des pertes. Voici comment comprendre et utiliser le timing du marché à ton avantage.

1. Comprendre les Cycles du Marché Immobilier

Le marché immobilier est cyclique, avec des périodes de hausse (bull market) et de baisse (bear market). Les périodes de hausse sont caractérisées par une forte demande d'acheteurs, des prix en augmentation et une vente rapide des propriétés. À l'inverse, pendant les périodes de baisse, la demande diminue, les prix stagnent ou baissent, et les propriétés peuvent rester sur le marché plus longtemps. Une compréhension de ces cycles te permettra de planifier ta vente au moment le plus propice.

2. Suivre les Indicateurs du Marché

Plusieurs indicateurs peuvent te donner des indices sur l'état actuel du marché et sa direction future. Cela inclut les taux d'intérêt hypothécaires, les statistiques de vente de propriétés locales, les tendances économiques générales, et les prévisions immobilières. Reste informé en suivant ces indicateurs régulièrement.

3. Analyser l'Offre et la Demande Locale

Chaque marché local a ses propres particularités. Certains quartiers peuvent être en plein essor même lorsque le marché global est en baisse, et vice versa. Analyse l'offre et la demande dans ta zone cible pour identifier le meilleur moment pour vendre. Les périodes de forte demande sont idéales pour maximiser tes profits.

4. Prendre en Compte les Saisons

Le marché immobilier est également influencé par la saisonnalité. Traditionnellement, le printemps et l'été sont considérés comme les meilleures périodes pour vendre, car les familles cherchent à déménager pendant les vacances scolaires. Toutefois, cela peut varier en fonction de ta région et du marché cible.

5. Ne Pas Se Presser

Si tu as le luxe du temps, ne te précipite pas pour vendre si le marché est défavorable. Attendre peut parfois être la meilleure stratégie, surtout si les indicateurs suggèrent une amélioration future du marché.

6. Consulter des experts

Les agents immobiliers locaux et les conseillers en investissement peuvent offrir des perspectives précieuses sur le timing du marché. Leur expertise peut t'aider à prendre des décisions éclairées sur le meilleur moment pour vendre.

Vendre une propriété au bon moment nécessite une analyse attentive du marché et une compréhension des facteurs qui influencent les cycles immobiliers. En te basant sur une stratégie réfléchie et en restant flexible, tu peux maximiser tes profits en vendant au moment optimal. Garde à l'esprit que chaque projet est unique, et ce qui fonctionne pour une propriété peut ne pas être applicable à une autre.

Négligence des besoins des acheteurs

La réussite d'un projet immobilier ne repose pas uniquement sur la capacité à acheter à bas prix et à rénover efficacement. L'aspect le plus crucial est souvent la capacité à répondre précisément aux besoins et aux désirs du marché cible. Ignorer les attentes des acheteurs potentiels peut rendre la vente de la propriété rénovée plus difficile et moins rentable. Voici comment tu peux aligner tes projets de rénovation avec les besoins de ton marché cible.

1. Recherche de Marché Approfondie

Avant de planifier ta rénovation, effectue une recherche de marché approfondie pour comprendre les caractéristiques et les préférences des acheteurs potentiels dans la région. Cela peut inclure des éléments comme la taille et le style de la propriété, les caractéristiques écoénergétiques, ou des aménagements spécifiques comme des espaces de bureau à domicile, qui sont devenus plus demandés récemment.

2. Focus sur la Fonctionnalité et l'Esthétique

Les acheteurs recherchent non seulement une maison qui semble belle, mais aussi qui répond à leurs besoins fonctionnels. Par exemple, une cuisine ouverte peut être plus attrayante pour les familles qui aiment divertir, tandis que des chambres supplémentaires peuvent attirer des acheteurs ayant besoin d'espaces de bureau à domicile. Aligner les améliorations de ta propriété avec ces tendances peut augmenter son attrait.

3. Améliorations Écoénergétiques

De plus en plus d'acheteurs valorisent les propriétés écoénergétiques pour leurs bénéfices environnementaux et leurs économies à long terme. Investir dans des améliorations telles que l'isolation de qualité, les fenêtres à double vitrage, et les systèmes de chauffage et de refroidissement efficaces peut rendre ta propriété plus attractive.

4. Utilisation de la Technologie pour Sonder le Marché

Les sondages en ligne et les outils d'analyse de données peuvent te fournir des insights précieux sur les préférences et les comportements d'achat des consommateurs. Utiliser ces technologies pour sonder le marché peut t'aider à adapter tes rénovations aux désirs actuels des acheteurs.

5. Flexibilité et Personnalisation

Offrir une certaine flexibilité dans la conception ou la possibilité de personnaliser certains aspects de la propriété peut être un grand atout. Cela permet aux acheteurs de se projeter dans la propriété et de l'imaginer comme leur future maison.

6. Attention aux Détails

Les petits détails peuvent faire une grande différence dans la perception de valeur par les acheteurs. Des finitions de qualité, des appareils modernes, et des touches de design unique peuvent tous contribuer à rendre une propriété plus désirable.

Conclusion

En alignant attentivement tes rénovations avec les besoins et les désirs de ton marché cible, tu maximises les chances de vendre rapidement et à un meilleur prix. Cela requiert une compréhension claire de ce que les acheteurs cherchent dans une propriété et l'adaptation de ton projet pour répondre à ces attentes. Une telle approche orientée vers le client est essentielle pour réussir dans le domaine compétitif des projets immobiliers.

Chapitre 9
Stratégies avancées

Dans le monde en évolution rapide des projets immobiliers, s'appuyer uniquement sur des approches traditionnelles peut limiter ton potentiel de réussite et de profit. L'intégration de stratégies avancées, notamment l'utilisation de technologies modernes, l'exploration de techniques de financement créatif, et l'adoption de pratiques durables, peut transformer radicalement tes résultats. Ce chapitre te guidera à travers ces approches innovantes pour te positionner à l'avant-garde de l'investissement immobilier.

Utilisation des technologies modernes

L'ère numérique a introduit une gamme d'outils et de technologies capables de révolutionner les projets immobiliers. L'intelligence artificielle (IA) et les logiciels de modélisation sont au premier plan, offrant des possibilités sans précédent pour l'analyse de marché, la conception de projets et la gestion de propriétés. Voici comment ces technologies peuvent être appliquées pour optimiser tes projets.

1. Analyse Prédictive du Marché

L'IA peut traiter d'immenses volumes de données immobilières pour fournir des analyses prédictives précieuses. En analysant les tendances historiques, les conditions actuelles du marché, et les signaux économiques, les outils basés sur l'IA peuvent t' aider à identifier les opportunités d'investissement les plus prometteuses et à anticiper les changements de marché.

2. Modélisation et Visualisation 3D

Les logiciels de modélisation 3D permettent de concevoir et de visualiser des rénovations avant même de commencer les travaux. Cela peut aider à planifier de manière plus efficace les modifications structurelles, à optimiser l'utilisation de l'espace, et à présenter des projets potentiels aux investisseurs ou aux acheteurs de manière plus engageante.

3. Optimisation des Coûts et des Ressources

Des applications sophistiquées utilisant l'IA peuvent aider à calculer précisément les coûts de rénovation, à suivre les dépenses en temps réel, et à identifier où les économies peuvent être réalisées. En outre, la gestion automatisée des stocks peut assurer que les matériaux sont commandés et livrés de manière efficiente, réduisant les déchets et les coûts.

4. Amélioration de l'Expérience Acheteur

Les technologies de réalité augmentée (RA) et de réalité virtuelle (VR) peuvent offrir aux acheteurs potentiels une expérience immersive de la propriété rénovée, même si les travaux ne sont pas encore terminés. Cela peut augmenter l'attrait de la propriété et accélérer la vente.

5. Gestion Intelligentes des Propriétés

Les systèmes de gestion de propriété basés sur l'IA peuvent automatiser de nombreuses tâches, de la sélection des locataires à la gestion des paiements et à la maintenance. Cela libère du temps précieux que tu peux consacrer à d'autres aspects de tes projets.

Conclusion

L'adoption de technologies modernes dans tes projets immobiliers offre non seulement un avantage compétitif mais peut également augmenter considérablement l'efficacité, réduire les coûts, et améliorer les résultats financiers de tes projets. Dans les sections suivantes, nous explorerons d'autres stratégies avancées, telles que le financement créatif, les négociations avancées, et les approches durables, pour te fournir un arsenal complet de techniques pour réussir dans l'investissement immobilier.

Techniques de financement créatif

L'accès au financement est une pierre angulaire du succès dans les projets immobiliers. Alors que les méthodes traditionnelles telles que les prêts hypothécaires restent populaires, explorer des techniques de financement créatif peut ouvrir des avenues supplémentaires pour sécuriser le capital nécessaire tout en maximisant les retours sur investissement. Voici quelques stratégies innovantes à considérer.

1. Le Financement Participatif Immobilier

Le financement participatif permet de collecter des fonds auprès d'un grand nombre d'investisseurs via des plateformes en ligne. Cette méthode offre l'avantage de diversifier les sources de financement et de réduire la dépendance vis-à-vis des prêteurs traditionnels. Les investisseurs reçoivent en retour une part des profits générés par le projet immobilier.

2. Les Prêts entre Particuliers (P2P)

Les prêts P2P mettent en relation directe les emprunteurs et les investisseurs, en contournant les institutions financières traditionnelles. Cette approche peut offrir des conditions de prêt plus flexibles et des taux d'intérêt potentiellement plus avantageux.

3. Les Partenariats d'Investissement

Former un partenariat avec d'autres investisseurs peut augmenter les ressources financières disponibles et partager les risques. Les partenariats peuvent être structurés de différentes manières, avec des accords clairs sur la répartition des coûts, des responsabilités et des bénéfices.

4. Le Financement par le Vendeur

Dans certains cas, le vendeur de la propriété peut accepter de financer l'achat. Cela peut se faire par un accord de vente à tempérament, où l'acheteur verse des paiements échelonnés au vendeur. Cette méthode peut être particulièrement utile lorsque l'accès au crédit est limité.

5. Les Crédits d'Impôt et Subventions

Selon le lieu et le type de projet, des crédits d'impôt, des subventions ou d'autres incitations financières peuvent être disponibles pour les rénovations qui améliorent l'efficacité énergétique, préservent le patrimoine historique, ou contribuent à des objectifs sociaux.

6. Le Levier Financier

Utiliser l'effet de levier, c'est-à-dire emprunter pour investir, peut amplifier les retours sur investissement. Toutefois, cette stratégie augmente également le risque et doit être utilisée avec prudence, en veillant à maintenir un ratio d'endettement gérable.

7. Les contrats de développement futur

Cette approche implique de négocier avec les promoteurs ou les constructeurs pour un prix d'achat basé sur la valeur future estimée de la propriété une fois les rénovations terminées. Cela peut nécessiter une bonne connaissance du marché et une capacité à négocier des accords avantageux.

Conclusion

Adopter des techniques de financement créatif offre une flexibilité supplémentaire dans la gestion de tes projets de projets immobiliers. En explorant différentes options et en évaluant soigneusement leurs avantages et inconvénients, tu peux trouver des solutions financières innovantes qui correspondent à tes besoins et maximisent tes chances de succès.

Stratégies de négociation avancées

La négociation est un art qui, lorsqu'il est maîtrisé, peut significativement augmenter le succès de tes projets immobiliers. Que ce soit pour l'achat ou la vente, des techniques de négociation avancées peuvent t'aider à obtenir les meilleures conditions possibles. Voici quelques stratégies éprouvées pour peaufiner tes compétences de négociateur.

1. La préparation est clé

Avant toute négociation, une préparation approfondie est indispensable. Cela signifie connaître la valeur du marché de la propriété, comprendre les motivations de l'autre partie, et définir clairement tes objectifs de négociation. Une bonne préparation te donne un avantage stratégique et te permet d'aborder la négociation avec confiance.

2. Utilisation de la Technique du "Bracketing"

Le "bracketing" consiste à commencer la négociation avec une offre ou une demande qui est au-delà de tes attentes réelles. Cela crée une marge pour les ajustements et concessions durant la négociation, te permettant de te retrouver plus près de ton objectif initial après les contre-offres.

3. L'Importance du Langage Non Verbal

Dans une négociation, ce que tu ne dis pas peut être aussi important que ce que tu dis. Être conscient de ton langage corporel et de celui de ton interlocuteur peut fournir des indices précieux sur ses réactions et intentions, te permettant d'ajuster ta stratégie en conséquence.

4. Négocier sur Plusieurs Points Simultanément

Au lieu de négocier point par point, propose un paquet d'éléments à négocier. Cela te permet de faire des concessions sur certains points tout en en gagnant sur d'autres plus importants pour toi, aboutissant à un accord plus satisfaisant globalement.

5. La Technique du "Silence"

Après avoir fait une offre ou posé une question difficile, le silence peut être un puissant outil de négociation. Beaucoup de gens sont mal à l'aise avec le silence et peuvent fournir des informations supplémentaires ou faire des concessions pour le briser.

6. Savoir Quand Se Retirer

Reconnaître quand une négociation ne mène nulle part et avoir le courage de se retirer peut être aussi important que de conclure un accord. Parfois, abandonner une négociation peut même amener l'autre partie à reconsidérer et à revenir avec une meilleure offre.

7. L'Empathie comme Outil de Négociation

Essayer de comprendre la situation et les besoins de l'autre partie peut t'aider à formuler des offres qui sont attrayantes pour les deux parties. L'empathie peut construire un rapport et faciliter un accord mutuellement bénéfique.

8. Utiliser des Concessions Stratégiquement

Les concessions ne devraient pas être données facilement mais utilisées comme un outil stratégique. Chaque concession peut être échangée contre quelque chose en retour, assurant que tu reçois une valeur pour ce que tu offres.

Conclusion

Les stratégies de négociation avancées requièrent pratique et patience pour être maîtrisées. Cependant, en les intégrant dans ta boîte à outils pour l'achat et la vente de propriétés, tu peux augmenter significativement tes chances de succès et maximiser tes profits dans les projets immobiliers. La clé est d'approcher chaque négociation avec préparation, flexibilité, et un esprit stratégique.

Développement durable et projets écologiques

L'intégration de pratiques de développement durable dans les projets de projet immobilier n'est pas seulement bénéfique pour l'environnement; elle peut également augmenter significativement la valeur de la propriété et son attrait auprès des acheteurs. Voici comment tu peux rendre tes projets plus écologiques tout en maximisant ton retour sur investissement.

1. Évaluation énergétique et améliorations de l'efficacité

Commence par une évaluation énergétique de la propriété pour identifier les possibilités d'amélioration de l'efficacité. Investir dans l'isolation, les fenêtres à double vitrage, et les systèmes de chauffage et de refroidissement efficaces peut réduire considérablement la consommation énergétique de la propriété et attirer des acheteurs conscients des coûts énergétiques.

2. Utilisation de matériaux écologiques

Choisis des matériaux de construction et de rénovation écologiques. Cela peut inclure des peintures à faible émission de COV, des matériaux recyclés ou récupérés, et du bois certifié durable. Utiliser des matériaux écologiques peut non seulement réduire l'impact environnemental de ton projet mais aussi améliorer la qualité de l'air intérieur, un argument de vente important.

3. Systèmes d'eau durable

L'installation de systèmes de plomberie efficaces, de dispositifs de réduction du débit d'eau, et de systèmes de récupération des eaux de pluie peut diminuer la consommation d'eau et réduire les factures d'eau pour les futurs propriétaires. Ces caractéristiques peuvent être particulièrement attrayantes dans les régions sujettes à la sécheresse ou avec des coûts d'eau élevés.

4. Énergie renouvelable

L'intégration de solutions d'énergie renouvelable, comme les panneaux solaires, peut non seulement réduire ou éliminer les factures d'électricité mais aussi offrir des incitations fiscales et augmenter la valeur de revente de la propriété. Même si l'investissement initial peut être plus élevé, les économies à long terme et les avantages environnementaux en font une option attrayante.

5. Paysagisme écologique

Adopte des pratiques de paysagisme écologique pour améliorer l'efficacité énergétique et la gestion de l'eau. Planter des arbres et des plantes natives peut fournir de l'ombre et réduire les besoins en climatisation, tandis que la création de jardins de pluie et l'utilisation de paillis peuvent aider à gérer l'eau de manière durable.

6. Certifications écologiques

Obtenir des certifications écologiques pour ta propriété peut augmenter son attrait auprès des acheteurs soucieux de l'environnement et justifier un prix de vente plus élevé. Ces certifications peuvent également être un point de différenciation important sur le marché.

7. Marketing vert

Lorsque tu mets la propriété sur le marché, assure-toi de mettre en avant les caractéristiques écologiques et les économies potentielles pour les acheteurs. Utilise des supports marketing qui soulignent l'engagement envers la durabilité et les avantages spécifiques des améliorations écologiques que tu as intégrées.

Conclusion

Intégrer la durabilité dans tes projets immobiliers demande une planification et un investissement initial, mais les bénéfices à long terme, tant pour l'environnement que pour ta rentabilité, sont considérables. En adoptant une approche écologique, tu peux non seulement contribuer à la protection de la planète mais aussi créer des propriétés plus saines, plus économiques et plus attrayantes pour les acheteurs d'aujourd'hui.

Projets dans les marchés de niche

Se concentrer sur des marchés de niche peut offrir des opportunités uniques pour les investisseurs immobiliers, permettant d'exploiter des segments spécifiques du marché souvent moins saturés et potentiellement plus rentables. Voici comment tu peux identifier et tirer profit de ces marchés de niche dans tes projets de projet immobilier.

1. Identification des niches potentielles

Commence par rechercher des segments de marché spécifiques qui présentent un potentiel de croissance ou une demande insatisfaite. Cela peut inclure des propriétés dans des zones géographiques en développement, des biens adaptés à des populations spécifiques (par exemple, logements pour étudiants, seniors, ou logements écologiques), ou des propriétés offrant des caractéristiques uniques.

2. Comprendre les Besoins du Marché

Une fois une niche identifiée, approfondis ta compréhension des besoins et des préférences de ce segment spécifique. Cela peut nécessiter des recherches de marché, des sondages, ou des entrevues avec des personnes faisant partie de ton marché cible. La clé est de comprendre ce qui attire les acheteurs ou les locataires dans cette niche.

3. Adaptation de l'Offre

Adapte tes projets de projet pour répondre aux besoins spécifiques de ta niche cible. Cela peut signifier la rénovation de propriétés pour inclure des aménagements ou des technologies spécifiques, ou choisir des emplacements qui correspondent aux préférences de vie de ton marché cible.

4. Marketing Ciblé

Utilise des stratégies de marketing spécifiquement conçues pour atteindre ton marché de niche. Cela implique souvent l'utilisation de canaux de communication préférés par ta cible démographique, et la mise en avant des caractéristiques qui rendent ta propriété particulièrement attrayante pour ce segment.

5. Partenariats Stratégiques

Établir des partenariats avec d'autres entreprises ou organisations qui servent le même marché de niche peut être une stratégie efficace. Ces partenariats peuvent offrir des opportunités de marketing croisé et t'aider à atteindre plus efficacement ton public cible.

6. Gestion des Risques

Investir dans des marchés de niche comporte des risques spécifiques, notamment en raison de la taille potentiellement plus limitée du marché. Une évaluation minutieuse des risques, une planification financière solide et une stratégie de sortie claire sont essentielles pour minimiser les risques associés.

7. Suivi des Tendances et de la Demande

Les marchés de niche peuvent évoluer rapidement. Reste informé des dernières tendances et des changements dans la demande pour adapter tes stratégies en conséquence. Cela peut impliquer de pivoter vers de nouveaux niches ou d'ajuster tes approches de rénovation et de marketing pour rester pertinent.

Conclusion

Les projets dans des marchés de niche offrent l'opportunité d'exploiter des segments moins concurrentiels du marché immobilier, à condition de bien comprendre les besoins spécifiques de ta cible et d'adapter ton offre en conséquence. Avec une approche ciblée et stratégique, tu peux réaliser des profits significatifs tout en répondant à des besoins immobiliers spécifiques

Gestion avancée des risques - Techniques pour identifier, évaluer et gérer les risques dans des projets de projet plus complexes.

Gestion avancée des risques

Dans le domaine des projets immobiliers, la gestion des risques est cruciale pour protéger tes investissements et maximiser tes profits. Alors que les projets deviennent plus complexes, les risques potentiels augmentent également. Voici des stratégies avancées pour une gestion efficace des risques.

1. Analyse Détaillée du Marché

Une compréhension approfondie du marché immobilier local est essentielle. Utilise des outils d'analyse de données pour surveiller les tendances du marché, les fluctuations des prix, et les prévisions économiques. Cela te permet d'anticiper les changements du marché qui pourraient affecter la rentabilité de tes projets.

2. Évaluation Rigoureuse de la Propriété

Avant d'acheter une propriété, procède à une évaluation rigoureuse pour identifier les problèmes potentiels, tels que des défauts structurels, des problèmes de plomberie ou d'électricité, ou des questions de conformité. L'inspection par des professionnels peut révéler des risques cachés qui pourraient augmenter les coûts de rénovation.

3. Diversification des Investissements

La diversification peut aider à réduire les risques. En investissant dans différentes zones géographiques, types de propriétés, ou segments de marché, tu peux protéger ton portefeuille contre les fluctuations d'un marché spécifique.

4. Planification Financière Solide

Assure-toi d'avoir une planification financière solide, incluant un budget détaillé, une analyse des flux de trésorerie, et des prévisions de rentabilité. Prends en compte les coûts imprévus et assure-toi d'avoir suffisamment de liquidités pour couvrir les dépenses inattendues.

5. Stratégies de Sortie Flexibles

Avoir plusieurs stratégies de sortie en place te permet de réagir rapidement si le marché change ou si le projet ne se déroule pas comme prévu. Cela peut inclure la location de la propriété, sa vente à un autre investisseur, ou une réévaluation de la stratégie de rénovation.

6. Assurance et Protection Juridique

Une couverture d'assurance adéquate est vitale pour protéger ton investissement contre les dommages, les accidents de travail, ou les litiges. De plus, la consultation avec des experts légaux peut t'aider à naviguer dans les complexités réglementaires et à minimiser les risques légaux.

7. Suivi Continu et Réévaluation des Risques

La gestion des risques est un processus continu. Effectue des évaluations régulières des risques tout au long du projet pour identifier de nouveaux risques potentiels et ajuste tes stratégies en conséquence.

Conclusion

La gestion avancée des risques dans les projets immobiliers nécessite une approche proactive et stratégique. En identifiant, évaluant, et gérant activement les risques, tu peux prendre des décisions éclairées et mettre en place des mesures pour protéger tes investissements, assurant ainsi la réussite et la rentabilité de tes projets immobiliers

Construire une marque dans ton projet Immobilier

Dans le secteur compétitif de l'immobilier, établir une marque forte n'est pas seulement un avantage, c'est une nécessité. Une marque bien définie peut te différencier, attirer plus d'acheteurs et de partenaires, et augmenter la valeur de tes projets. Voici comment tu peux construire une marque influente dans l'immobilier.

1. Définir Ta Proposition de Valeur Unique

Commence par définir clairement ce qui rend ta marque unique. Cela pourrait être ta capacité à transformer des propriétés délabrées en maisons de rêve, ton engagement envers la durabilité, ou ton flair pour le design moderne. Ta proposition de valeur unique sera le fondement de ta marque.

2. Créer une Identité Visuelle Cohérente

Une identité de marque forte commence avec une esthétique visuelle cohérente, incluant un logo, des couleurs de marque et un style graphique qui reflètent ta proposition de valeur. Utilise cette identité visuelle sur tous tes supports de communication, de ton site web à tes panneaux immobiliers.

3. Construire une Présence en Ligne Professionnelle

Ton site web et tes profils sur les réseaux sociaux sont souvent le premier point de contact avec ta marque. Assure-toi qu'ils sont professionnels, faciles à naviguer, et qu'ils mettent en avant tes projets réussis avec des photos de haute qualité et des témoignages de clients satisfaits.

4. Offrir une Expérience Client Exceptionnelle

Une marque forte est aussi construite sur les expériences vécues par tes clients. S'efforcer d'offrir un service client exceptionnel, une communication transparente et une finition de qualité peut transformer les acheteurs satisfaits en ambassadeurs de ta marque.

5. Raconter Ton Histoire

Les gens se connectent avec des histoires. Utilise le storytelling pour partager ton parcours, ta vision et les succès de tes projets. Les récits sur les défis surmontés et les transformations réalisées peuvent être particulièrement engageants et mémorables.

6. Engager la Communauté

Participe à des événements locaux, soutiens des causes communautaires ou lance des projets qui bénéficient à la communauté. Engager ta marque dans des actions positives peut renforcer ta réputation et créer un lien émotionnel avec ton public.

7. Recueillir et Utiliser les Avis Clients

Les avis et témoignages des clients sont puissants pour construire la crédibilité. Encourage tes acheteurs et partenaires à partager leur expérience, et utilise ces témoignages dans tes matériaux marketing et sur les réseaux sociaux.

8. Cultiver des Partenariats Stratégiques

Collaborer avec d'autres marques et professionnels reconnus dans l'immobilier et les industries connexes peut élever ta marque. Choisis des partenaires qui partagent tes valeurs et peuvent compléter ton offre.

Conclusion

Construire une marque forte dans l'immobilier nécessite du temps, de la cohérence et un engagement envers la qualité. En établissant une réputation solide et en créant une connexion authentique avec ton public, tu peux te démarquer dans un marché encombré et construire une entreprise de projets immobiliers prospère et respectée.

CONCLUSION

Parcours vers le succès

Récapitulatif des Enseignements Clés

L'investissement immobilier, un domaine à la fois complexe et enrichissant, repose sur des piliers fondamentaux qui définissent le succès des projets. La compréhension approfondie du marché immobilier constitue la base, permettant d'identifier les propriétés à fort potentiel et de prendre des décisions éclairées. Cela inclut l'évaluation des tendances du marché, la reconnaissance des cycles économiques, et l'anticipation des mouvements futurs pour acheter et vendre au moment opportun.

La sélection de la propriété joue un rôle crucial, nécessitant une analyse détaillée pour s'assurer qu'elle répond aux critères de rentabilité et de faisabilité. Cela s'accompagne d'une planification financière rigoureuse, essentielle pour définir le budget de rénovation, prévoir les coûts et établir des stratégies de financement adaptées.

Les rénovations doivent être stratégiques, valorisant la propriété tout en restant dans les limites du budget et des délais préétablis. La capacité à effectuer des rénovations qui augmentent significativement la valeur de la propriété est une compétence clé.

Enfin, les techniques de marketing et de négociation sont déterminantes pour la réussite de la vente. Savoir présenter la propriété sous son meilleur jour et négocier efficacement les termes de la vente maximise les profits et réduit le temps de mise sur le marché.

Établissement d'Objectifs Personnels

La réussite dans l'investissement immobilier exige également une introspection profonde pour définir des objectifs personnels alignés avec tes aspirations et ta vision à long terme. Ces objectifs, qu'ils concernent la génération d'un revenu passif, la construction d'un patrimoine ou l'impact social, servent de guide et de motivation tout au long de ton parcours.

L'importance de définir des objectifs SMART (Spécifiques, Mesurables, Atteignables, Réalistes, Temporellement définis) ne peut être sous-estimée. Ils fournissent un cadre pour évaluer les progrès, ajuster les stratégies en fonction des résultats et des conditions de marché changeantes, et maintenir le cap vers la réussite.

La planification personnelle implique également la flexibilité et l'adaptabilité. Le marché immobilier est dynamique ; les objectifs doivent donc être révisés et adaptés en fonction de l'évolution des conditions de marché et des leçons apprises en cours de route.

En résumé, l'investissement immobilier est un domaine où la préparation rencontre l'opportunité. En assimilant les leçons clés de ce livre et en établissant des objectifs personnels réfléchis, tu es bien équipé pour naviguer dans le monde de l'investissement immobilier avec confiance et compétence, transformant chaque défi en opportunité et chaque opportunité en succès.

Adopter une Mentalité de Croissance

L'investissement immobilier est un domaine où les victoires sont souvent précédées de leçons apprises à travers les défis et les revers. Adopter une mentalité de croissance est essentiel pour réussir dans cet environnement dynamique. Cela signifie voir chaque expérience, bonne ou mauvaise, comme une opportunité d'apprentissage et de développement personnel. Une mentalité ouverte t'encourage à explorer de nouvelles stratégies, à accepter les échecs comme des étapes vers le succès, et à rester curieux et engagé dans ton cheminement vers la maîtrise de l'investissement immobilier.

Cette mentalité de croissance te pousse à sortir de ta zone de confort, à expérimenter avec de nouvelles idées, et à persévérer malgré les obstacles. Elle est le moteur qui alimente l'innovation et la résilience, te permettant d'adapter tes stratégies face aux changements du marché et aux nouvelles informations. En cultivant une attitude d'apprentissage continu, tu te prépares non seulement à mieux gérer les projets actuels mais aussi à anticiper les tendances futures, te positionnant ainsi comme un leader dans le domaine immobilier.

Appel à l'Action et Motivation

Alors que nous clôturons ce livre, considère-le non pas comme une fin, mais comme le début de ton aventure dans l'investissement immobilier. Tu es maintenant armé d'un arsenal de connaissances, de stratégies et d'insights qui t'équipent pour te lancer avec confiance dans tes propres projets immobiliers. Mais la connaissance seule n'est pas suffisante ; l'action est le véritable catalyseur du changement et du succès.

Je t'encourage à passer à l'action dès aujourd'hui. Que ce soit en effectuant ta première analyse de marché, en visitant des propriétés potentielles, ou en esquissant ton plan d'investissement, chaque petit pas te rapproche de ton objectif ultime. N'attends pas le moment parfait ; il n'existe pas. Ce qui compte, c'est de commencer, d'apprendre de chaque action et de rester déterminé sur ton chemin.

Laisse-toi inspirer par les réussites et apprends des échecs, tant les tiens que ceux des autres. Souviens-toi que chaque investisseur immobilier de succès a commencé quelque part, et avec engagement, travail acharné et une mentalité de croissance, tu as tout ce qu'il faut pour réaliser tes rêves.

Pour terminer cet ouvrage, l'investissement immobilier offre des opportunités incroyables pour ceux qui sont prêts à s'engager pleinement dans le processus d'apprentissage et d'action. Alors, équipe-toi de patience, de persévérance et d'une vision claire. Le parcours peut être exigeant, mais les récompenses sont à la mesure de l'effort investi. Avance avec confiance, armé des connaissances acquises et d'une passion renouvelée pour l'immobilier. Ton aventure ne fait que commencer, et le monde est plein de possibilités. À toi de les saisir.